U0097811
VENUS PUBLISHING CO.
金星出版
命理生活新智慧・叢書

命理生活新智慧・叢書 01-2

如何算出你的偏財運

《三版修訂版》

http://www.金星出版社.com.tw
http://www.venusco.com.tw
E-mail: fatevenus@yahoo.com.tw

法雲居士⊙著

國家圖書館出版品預行編目資料

如何算出你的偏財運《三版修訂版》／法雲居士著，--三版修訂版.--臺北市：金星出版：紅螞蟻總經銷，2003[民92]
面；　公分--（命理生活新智慧叢書；01-2）
ISBN 978-957-8270-47-3 （平裝）
ISBN 957-8270-47-X （平裝）
1.命書
293.1　　92080762

如何算出你的偏財運《三版修訂版》

作　　者：法雲居士
發 行 人：袁光明
社　　長：袁靜石
編　　輯：王璟琪
總 經 理：袁玉成
出 版 者：金星出版社
社 地址：台北市南京東路3段201號3樓
電 電話：886-2--25630620•886-2-2362-6655
傳
郵政劃 FAX：886-2365-2425
總 經 銷：紅螞蟻圖書有限公司
地　　址：台北市內湖區舊宗路二段121巷28・32號4樓
電　　話：(02)27953656(代表號)
網　　址：http://www.venusco555.com
E-mail：venusco@pchome.com.tw
venus@venusco.com.tw

版　　次：2003年8月(三版修訂版)　2007年1月新刷
登 記 證：行政院新聞局局版北市業字第653號
法律顧問：郭啟疆律師
定　　價：300 元

行政院新聞局局版北字業字第 653 號

ISBN-13: 978-957-8270-47-3 (平裝)
ISBN-10: 957-8270-47-X (平裝)

編者序

這本『如何算出你的偏財運』自出版以來，深受讀者喜愛，可能會創下現代人所寫之命理書最賣座的紀錄。自然本社也與有榮焉，並且可能最快在年底就會有英文版的『如何算出你的偏財運』問世了。到時候也能帶給更廣大的、英語系國家的讀者來分享、檢視自己命運中的幸運暴發時間。

『如何算出你的偏財運』這本書，是本出版社為法雲居士所出版的第一本書，其後至今連續出版了五十九本命理書，大多是有關紫微斗數的書和八學的書。不僅在台灣出版市場上佔有很重要的地位，其命理書的內容也是獨步命理界，極具科學、智慧的命理學。現今成為許多命理師常用之工具書，也常有命理補習班來訂書，做為教授命理學之教材。海外人士更是絡繹不絕來買書。現今法雲居士之讀者已遍及海宇、數十個國家，因此我們覺得有出英文版的需要。

未來我們將會加強本社網站的功能，將本社網站定義為命理學習網站。讀者將可在網站上學習命理知識和聯絡事項及問問題。本社也將發展英文系統的命理學習網站，以便因應未來世界預測命理學的快速發展。

『算命』在普通人看來是一件小事，但是專就一個人、一個家庭、一個地方甚至一個國家來說，會攸關整個生命體的福祉與富貴窮通。現今紫微斗數已全盤電腦化、科學化了。但這是門人文科學，還需要我們人腦的不斷開發和學習，才能使人生完美、完備。因此『命理學』會進入更關鍵的科學化時代，也會更加為人們所需要、依賴。

紫微斗數是現今最科學、準確、又簡易好學之命理學。法雲居士所著之命理書籍更是用白話文、貼切的形容，讓你簡易、明瞭，一看就懂的好書。並且法雲士以命理教學為己任，願意把自己的經驗與命理知識貢獻給千千萬萬的人與後代子孫，以便為大眾創造及改善人生，走最好的路、過更好的日子。這是不同於一般專喜做廣告宣傳、或在媒體上大放厥辭的自稱命理家作為的人的。在自己學習命理的同時，你也可以不必被不肖算命師嚇唬、騙錢。自己會算命以後，更能理解人世的善惡、吉凶，為自己和家人及周遭的朋友創造更多的幸福。這是先能獨善其身，繼而能兼善天下的大業、大善。為自己種下福田，再把福田擴及人倫，會使自己的生命更發光、發熱。因此學習命理學也成為現今時尚流行趨勢。我們預言，未來命理學更會成為大學中修習的一門課程。它將不再是為人詬病的、故弄玄虛的迷信之說。在此，我們預祝『命理學』重要時刻的來臨，也祝福你很幸運的看到這一本書，它將帶給你不同的人生，也會帶給你精準算出偏財運確實爆發的時刻。

序

這是一本很不一樣的命理書，能提供你掌握自己全新的生活視野！

一般的命理書，多半是教你如何排出命盤，大致觀看一下命宮、財帛宮、官祿宮……等等十二宮的狀況。判斷一下自己命中有沒有財富等等的事項。這是屬於一種模糊的概況分析，往往讀者在看完一般的命理書之後，心中的疑問又增多了。

例如：到底我命中有多少財呢？到底我會不會『發』呢？什麼時候才會『發』呢？一連串的問題總是纏繞著你，既弄不清，理還亂！

於是我決定寫這本『如何算出你的偏財運』這本書。把被人一向視為枯燥深奧的紫微命理學，融入我們的生活中，讓讀者在生活裡就可好好運用。在屬於自己吉運的時刻，創造無限龐大的財富出來。

促成我決心寫這本書的另一原因，也是因為在我二十多年為人相命的生涯中，看到許多發『偏運』、『偏財』的人起起落落，無法守住自己的『財運』、『運道』。往往在事過境遷之後又後悔埋怨。我總是想，為什麼沒有人能時時刻刻的提醒他們，讓他們知道『旺運』的時候，好讓他們在『旺運』來臨之前就作好了準備，奮而一擊，衝上人生的高峰！

紫微斗數是一種龐大精深的學問，表面上看起來很簡單，命盤排起來也很簡單，但是命盤中每一顆星所代表的意義卻都是不凡的。尤其是在不同的時空裡，有許多的變數產生。某些星相遇，會產生某些狀況。而且同樣的一顆星與另一些星相遇，也會有不同的情況發生。每顆星在不同的位置其意義也不同了。

如此一來，星與星的相遇或離合，產生了無數奇異的現象，這也促成了人生的悲歡離合、緣起緣滅、風起雲湧、樓起樓塌的萬種際遇。

在人生的萬種際遇裡，追求最多的還是『金錢』。

雖然許多人口口聲聲說『不要做金錢的奴隸！』但是靜觀現代人的生活

裡，有幾人是不作金錢奴隸的呢？

『金錢』在人的生活裡非但是扮演極重要的角色，它也常常主宰了人的生命及生活（某些人為財自殺或被殺）！

因此若想好好把握自己美好的一生，『金錢』這個東西，我們還真是不能輕視於它，與『錢』為敵呢！

基於這些種種的原因，這本『如何算出你的偏財運』的書，將帶領你巡遊你生命中的三度空間裡，幫你找出屬於你的寶藏。讓你在人生中永遠處於不敗的地位，進而享受成功的果實，享受人生的樂趣。

法雲居士　於台北　丙子年荔月

如何算出你的偏財運

命理生活叢書01—2

如何算出你的偏財運

目錄

編者序……3
序……7
前言——偏財運創造經濟奇蹟……17
第一章 偏財運——一生只有一次的好機會……23
第一節 一生只有一次的大好運……25
第二節 『偏財運』是什麼……29

第三節　偏財運可分為『偏財』和『偏運』……34
第四節　『偏運』比『偏財』好……38

第二章　什麼人會爆發偏財運？……41

第一節　真正的億萬富翁……43
第二節　改變一生的影響力……49
第三節　你的寶藏圖在那裡？……52
第四節　藏寶圖的特殊格局……57
第五節　偏財運的破格形式……73
第六節　偏財運的要件……77
第七節　你有沒有『偏財運』？……80
第八節　具有雙重『偏財運』的人……82
第九節　一生到底有多少財富？……85
第十節　偏財運有強有弱……87

第三章　創造未來——幸運的時刻就在眼前……91
第一節　如何算出『偏財運』的步驟……93
第二節　你的『幸運周期表』……96
第三節　如何運用『運命周期表』和『紫微命盤』找出你生命中『偏財運』最強的高潮點……101
第四節　屬於你的『幸運數字』……105
第五節　搜集利於你的『幸運情報資訊』……108
第六節　連結智囊團網路……115
第四章　集中火力——對準真正的引爆點……121
第一節　利於『偏財運』的方位……123
第二節　以八字『喜用神』為主的大運行運方向……127
第三節　利於爆發『偏財運』的日子干支……130
第四節　如何由紫微命盤上算出『偏財運』爆發的日子……134
第五節　利於偏財運爆發的時辰……138

第六節　利用九星『方位學』助長『偏財運』的方法……140
第七節　當『方位』是吉方時所代表的意義……147
第八節　如何在吉方利用『方位學』增長『偏財運』……151
第九節　『暴發運』是『點』不是『面』……153

第五章　贏的關鍵——如何計劃迎接幸運的時刻……157

第一節　利於求財的財神方位……159
第二節　利於『偏財運』的顏色……166
第三節　利於『偏財運』的食物……170
第四節　利於『偏財運』的植物……173
第五節　利於『偏財運』的用品和法器……180
第六節　能幫助你助長『偏財運』的神祇……186
第七節　以『用神』為主『偏財運』所須參拜之守護神……188
第八節　如何增加意志力來輔助『偏財運』……190

第六章　偏財運的禁忌……195
第一節　『偏財』與『偏運』的禁忌……197
第二節　『偏財運』其他的禁忌……201
第三節　他錯失了一生的好運機會……203

第七章　如何掌握財富——擁有真正富有的人生……211
第一節　真正富有的人生……213
第二節　每個人都擁有的好運……216
第三節　『暴起暴落』的前因後果與破解……220
第四節　『富屋窮人』的印證……227
第五節　『有財無庫』的遺憾……231

第八章　若是沒有偏財運怎麼辦？……235
第一節　創造有『根』的事業……237
第二節　天天上班的賭王……239

第九章　掌握奇運的成功之鑰——真正『智慧』的戰場　243
第一節　靠『偏財運』成功的共通點　245
第二節　看待自己的態度　253
後　記　257

前言——偏財運創造經濟奇蹟

※※※

「偏財運」在極強的運勢之下，會以各種形式讓你獲得財富！

用顏色改變運氣

顏色中含有運氣，運氣中也帶有顏色！
中國有自己一套富有哲理系統的用色方法和色彩學。
更可以利用顏色來改變磁場的能量，使之變化
來達成改變運氣的方法。
這套方法就是五行之色的運用法。

現今我們對這一套學問感到高深莫測，
但實則已存在我們人類四周有數千年
歷史了。

法雲居士以歷來論命的經驗和實例，
為你介紹用顏色改變運氣的方法和效力，
讓你輕輕鬆鬆的為自己增加運氣和改運。

前言——偏財運創造經濟奇蹟

無限振奮的好消息

每當我們聽說某某人中了特獎，或是得到一筆意外的財富，不管我們是否與他相熟，是否認識他，都會激發我們內心一種激動的情緒。

真是太好運了！

尤其在樂透獎券開出數億元時，多少人哀哀嘆息！中獎人為什麼不是我呢？

為什麼不是？這當然是有原因的啦！

『偏財運』本身是一種運勢極強的運，在這種極強的運勢發生

如何算出你的偏財運

時即有前兆。人的本身也會有感應存在的。

可是有些人說：『我一點也不知道啊！事情就這麼簡單的發生了！』

真的嗎？難道你沒有發現你的額頭與臉頰有一點微紅，你的明堂發亮，你的氣勢走路有風！最近的一、兩天以內感覺特別的順利。你會常聽到別人問：『最近有什麼喜事啊？瞧你紅光滿面的！』這些都是前兆了！

『偏財運』在極強的運勢之下會以各種形式讓你獲得財富！它在一個特定的時間裡讓喜歡中獎的你中獎，讓喜歡賭博的你贏錢，讓路上拾遺的你撿到一筆大錢。若是你不屑於做這些事，你是個兢兢業業的人，那你就堅守崗位吧！但是財神爺也不會忘了你，該是你的仍然是你的！它會讓你的好運發在事業上，結果，你的事業蒸蒸日上，一發不可收拾的旺了起來。當然，你還是得到了金錢！

『偏財運』真是個好朋友

『偏財運』既是這麼樣的以不同的方式自動送上門來，於是就有某些人反對這種『不勞而獲』的好朋友了。這些道學之士他們把它看作『不正當得來的錢財』。他們是很諱言談它的，但若是『偏財』、『財運』又落在這些道學之士的身上，他們雖然嘴上不說，心裡私底下還是滿心歡喜的！

由此可見『偏財運』本身是沒有罪過的！只是某些人求之太甚，而讓不明瞭的人有了誤解，繼而世人口耳相傳有了不良印象。

『偏財運』是一股強勢的『氣』

『偏財運』在幾千年前，自從有人類以來就已經存在了，我們的老祖宗很早就知道這股『氣』的玄秘性，在以後朝代的文獻裡也屢有述及，但是因為尊重『儒學』的關係，而不重視『命理數術』。當然在命理數術中屬於『偏財運』的一小部份也就乏人整理了。

『氣』雖然是一種看不見的東西，但是我們的老祖宗卻非常聰明的替它劃上了座標。用自然界的、具象的、無形的、八卦的原理來製訂，於是有了五行，金、木、水、火、土，十天干及十二地支，以及乾、兌、離、震、巽、坎、艮、坤等卦象來標示。

我們都知道宇宙是圓的，『氣』也隨著在天體中循環運轉著。當一個人出得生的時候，我們將他出生的時間作成了『八字』，這個『八字』就是這個人存在在宇宙中的座標。如此說起來就非常有意思了！到底『偏財運』是如何產生的呢？『偏財運』真正的意義又在哪裡呢？讓我們好好的來研究一下……

第一章

偏財運——一生只有一次的好機會

※※※

雖然你常覺得好運連連，
但是一生中真正的大好機會，
只有一次！

第一章　偏財運——一生只有一次的好機會

第一節　一生只有一次的大好運

真正靠偏財運大發的機會，一生只有一次！

為什麼一生只有「一次」好運呢？

很多人說：「我常常都有偏財運啊！」

其實這是不同的！

我們所說的「一生只有一次」是指「在人的一生中最大的一次爆發點」。而這個爆發點是可以從你的紫微命盤中很輕易的找到的！

如何算出你的偏財運

人生最大一次暴發運

在大運、流年、流月三重逢『武貪』、『火貪』、『鈴貪』等格局時，就是『原爆點』了！

在大運及年、月、日、時等時間標的上，只要有三個標的，如大運、流年、流月或年、月、日或月、日、時逢到『暴發格』爆發偏財運。但以大運走在『武貪格』、『火貪格』、『鈴貪格』這些格局上，而流年又走到這些格局上，流月又恰好逢到這些格局上，稱為三重逢合『暴發格』，而這個暴發格，就是其人一生中最大偏財運的暴發點了。

大多數會爆發的人，一生只有一次最大偏財運的機會。有的人一生會有二次暴發運，會在極幼年時代和老年時代（六、七十歲）各一次。但暴發運不發幼年時，而幼年的你什麼也不會做，故幼年時的暴發運通常都糊里糊塗的過去了，一點都沒感覺有偏財運。所以人一生還是只有一次暴發偏財運的機會。

流年、流月的偏財運

至於其他的時候，你還是有無限的好運的。譬如說：在流年、流月碰到『武貪』、『火貪』、『鈴貪』的那個格局時，仍是有些偏財運的，只不過格局較小，發個小財、小運罷了！

▽如何算出你的偏財運

某些本命是財星坐命，八字中又財多、再有暴發格的人，例如：紫府、武曲、武貪等星坐命的人，財帛宮、福德宮亦好，也是財星入坐的話，在流月中所發的小財小運也就不算小了，會有數萬元至數百萬元之譜。

而那些不屬於財星坐命的人，其財帛宮、福德宮又沒有財星入宮或相照的話，所發的小財小運就非常微小，只能讓你快樂一下了！

第二節　『偏財運』是什麼

說到『偏財運』是什麼時，大家都暗自好笑，誰不知道那就是『意外之財』的意思！

正是！

『偏財運』就是一種『意外的』『發財』跟『發運』的運氣。

在世界上據專家估計約莫接近有三分之一的人都有些『偏財運』，既然有『偏財運』的人的數值有這麼高，那為什麼會中世界超級大獎和有令人艷羨大好運的人也寥寥可數，至少不是像有三分之一地球人那樣的普遍吧？

這個問題談起來就非常龐大了，簡單的說：每個人出生的時間、地點（包括國別）與家庭的狀況都不一樣，現實周遭的氣蘊對你的『偏財運』也是有影響的。

落後地區的人暴發偏財運會影響到自己與國家的命運

例如：在非洲落後的部落裡，縱然有人的『偏財運』爆發了，基於大環境的影響，也不過是意外找到一些可供溫飽的草根食物。這個人若是生活在資源豐富的都市裡，他的『偏財運』爆發時，他可獲得的物質資源和錢財就完全不是以當初能想像的來估計了。就像以『上帝也瘋狂』裡的黑人明星歷蘇來說，當初他只不過是非洲一個小部落土人中的一員。許多土人終其一生也沒離開過非洲那片廣大的荒原，而他也沒想到會演電影，而且還出了國到那麼遠的地方，居然受到外面世界的歡迎，也著實大發了一筆財，這豈是他和他的族人在他年幼時就會料得到的？

這個就是『偏財運』了！

又例如：前阿根廷總理莫洛夫人，二十歲以前還是個默默無聞的小妓女，得蒙幸運之神的眷顧，一步步走向總理之路，這其中當然更重要的是她對成功敏銳的洞悉力，和努力學習改造自己，以達進入上層社會的籌碼。莫洛夫人一生的奇運不但影響了自己的一生，同時也影響了整個阿根廷的歷史，和阿根廷幾千萬的老百姓。這個事實就是『偏運』的影響了。

暴發運會改變歷史

在中國的歷史上更是不乏這種『偏運』的影響，而形成『時勢造英雄』，為歷史寫下輝煌的一頁。譬如『平民皇帝』漢高祖劉邦，『黃袍加身』的宋太祖趙匡胤，『乞丐皇帝』朱元璋等等皆是。

近代的名人例如老總統蔣中正即是，如果不是在十四歲至二十三歲的大運裡走的是『殺破狼格局』，離開家鄉出外闖蕩，在他的一生裡發生了重要的轉變，開拓了他的視野，否則終其一生只不過像平常人一般是個鄉野村夫罷了！哪裡會有機會進入中國政壇，影響中國的命運幾十年。

因此『偏運』對人的影響的極大的，對歷史的影響更不容忽視。而『時勢造英雄』這句俗語更是形成對『偏運』極佳的解釋與寫照了。

既然『偏運』給人生帶來了重大的轉折，進入高潮的起點，當然相繼而來的『經濟』的轉好，『財運』亨通，也是不容置疑的了，所以『偏財』跟『偏運』總是『秤不離鉈，鉈不離秤』的，我們就統稱它為『偏財運』了！

第三節偏財運可分為『偏財』和『偏運』

「偏財運」是天賦自然的吉運，作奸犯科、傷天害理的行為絕不能稱為「偏財運」！

一、偏財：當然是以金錢、財富為主的意外之財（不在意料之中的財），例如中獎啦，玩大家樂，或是到賭城去大顯身手，或是意外得到一筆財產，像是突然收到一筆金額龐大的遺產之類。

還有公司裡意外加發的一筆獎金，都算得上是『偏財』。另外有人把在路上撿到的錢財也當作『偏財』，這當然也算囉！

許多人把『偏財』中的『偏』字解釋成『以非法的手段』得來的錢財。例如黑道人士或是作奸犯科的人，把搶劫銀行、打家劫舍當作『偏財』。這便不是真正的『偏財運』了！這個運應該算是劫煞、是非！

因為這個運是人為有計劃的設計而成，而不是合於天道自然形成。若是硬把這些傷天害理的行為稱之為『偏財運』那真是太辱沒了『偏財運』真正的含意了！

二、偏運：

『偏運』的形成，通常人是感受得很深刻的。在發運的時刻，做官的升官，有時連跳三級。做生意的發財。若是在人的幼年時發運，也會帶給整個家庭無限的良機好處。

例如我們常聽說某某明星在青少年時被星探發覺，一炮而紅，改善了貧窮的家境之類的故事。這種情形屢見不鮮，這就是『偏運』的形成了！

嚴格的說的來，『偏運』和『偏財』雖然各自為政，各發各的，卻又是互為表裡而為一體的。

為什麼又這麼說呢？

因為主要人是行逢『偏運』，喜歡求財的就往財的方面發展了。去賭一賭手氣啦！去尋找中獎的大機會啦！那些沒有去賭手氣及找中獎機會的人，就發在事業上了。結果他們有的升了官，有的事業爆發進入另一個境界。而最終呢？他們仍然得到了金錢！

只不過他們所得到的金錢好像繞了一個大彎，又混合了許多的汗水，得來的就更覺甘美。而且名聲、地位隨之而來的附加價值也就更高了！

至於那些直接發財的人呢？突然因為錢財的增多，頓時手頭充裕，心頭又快樂舒坦，故而花得也痛快，總是留不住。書云：『暴起暴落』，就是這個道理了。

因此在命理上，『偏運』是優於『偏財』的。

第四節　『偏運』比『偏財』好

「偏運」優於「偏財」，行運中得到的附加價值較高。

我們從前面的章節裡知道了『偏運』會製造曠世的英雄，會影響歷史。

『偏運』對於一般人的運程也是會有極佳的推動力的，我們可以看到凡是有『武貪』、『火貪』、『鈴貪』格局的人，至少相隔六年有一次相逢『偏運』的時機。若是武曲、貪狼和火星、鈴星同宮或相照，為『雙重暴發運』。再加入你的八字也好的話，八字中財多，那所發的『偏運』，可讓你的事業蒸蒸日上，如日中天。

為什麼八字也要好呢？因為八字中帶財多是看你此生可承受的福業，承受好運的時間較長。八字中破耗沖剋多，承受好運的時間較短，算是無福消受了。同時也會造成後繼無力的情況發生。

倘若官祿宮的吉星多時，如有『陽梁昌祿』格的人，再有『偏運』助力，向上竄升的機會是很快的，當上一品大員或位至極品都有機會。有擎羊在午宮的『馬頭帶箭』格的人，再有『偏運』的助力，做封疆大吏、一代武將也是一蹴即成。

我們現在所談的『偏運』都是以『武貪格』、以人生的際遇與事業為主，這種以人生際遇與事業為主的狀況，多少帶有『權利』與『地位』的象徵，當然看起來是屬於『格局較大』的類型了。

反觀之專以『火貪格』、『鈴貪格』，以求財為主的『偏財』運勢，格局就比『偏運』看起來小得多了。

多年前在報紙上看到一位曾經三次中過愛國獎券第一特獎的人，最終他仍然在撿拾廢報紙為生，並沒有因為『偏財』運的影響給他帶來事業和地位的改變。也許在有錢的時候也做過一些事業，但是『偏財』的不耐久，是不爭的事實，這是一點都沒錯的！

因此在命理與現實的環境裡，『偏運』是優於『偏財』的！

第二章

什麼人會爆發偏財運？

人人都喜歡『偏財運』，『偏財運』會帶給人生境遇極大的轉變。
如何攫取『偏財運』的精髓？
使它豐富我們的人生，
是我們今生最大的課題！

好運隨你飆

每一個人都希望事業能掌握好運而功成名就
你知道如何能得到『貴人運』、『交友運』、
『暴發運』、『金錢運』、『事業運』、
『偏財運』、『桃花運』嗎？
一切的好運其實只在於一個『時間』的問題
能掌握命運中的『旺運時間』
就能掌握一切的好運，要風得風，要雨得雨
好運隨你飆——便一點也不是難事了！
『好運隨你飆』——
是法雲居士繼『如何掌握旺運過一生』一書後，
再次向你解盤運氣掌握的重點，
讓你更準確的掌握命運！

第二章　什麼人會爆發偏財運？

第一節 真正的億萬富翁

誰是真正的億萬富翁

能清楚的瞭解自己的價值，再能預測自己的命運和前途的人，就能做億萬富翁。

倘若有一個民意調查的問卷題目是：誰是真正的億萬富翁？

如何算出你的偏財運

相信一定會有百分之五十以上的人會回答說：『蔡萬霖啦！張榮發啦！連戰啦！還有許多外國人，名字我不記得了！』

當聽到這個答案時，你會怎麼想？你會認為他們真對！還是另有高見呢？

真正的億萬富翁到底是誰呢？

我的答案是：能預測自己命運和前途的人！

有一些人會奇怪的問：『愛說笑！人怎麼能夠預測自己的命運和前途呢？能預測就能成為億萬富翁嗎？』

我的答案是肯定的！

一個即將成功的人在潛意識裡就清楚的瞭解自己的價值，把自己先行定位，等到成功來臨時，他只是欣然迎接它，這就是預測的功能了。

就像是先天擁有『偏財運』這等強勢運勢的人，在他幼年時期裡便已瞭解自己是『與眾不同』的，將會在某些時段上，擁有特殊的好運道，所以他在心裡上已作好了準備的工作。

某些人窮困絕不是天資不好

造成窮困的原因，多半是「時機」不好！缺乏旺運。

我們常常發現，某些人窮困，絕不是天資不好，或是天生注定貧窮的。俗語說：『乞丐也有三年好運。』因此某些窮困的原因是因為那些人太聰明了！凡事搶先作了決定，而這個決定卻是不利己的，這就是『時機』的問題了。

例如：一個天機、天梁坐命的人，因為智商總是比別人高，太聰明了！老是杞人憂天擔心自己工作的公司會倒閉，害怕自己會吃虧拿不到工錢，於是要早點抽腿離開。可是等他離職了數個月之久，仍不見那家公司倒閉，自己又開始後悔太早辭職了，少賺了好幾個月的錢！

諸如此類的事，層出不窮，永遠是常吃後悔藥的人。因此天機、天梁坐命者財運都是不太好的。因為他們雖然聰明，但並不能預測自己的命運跟前途！我們也可發現在他們的八字上財不多，並且在他們的命盤上，有完美『偏財運』的比例是較少的。也因此要成為億萬富翁的機會也相形少了。

富有不再是某些人的專利

在今天的社會裡，富有不再是某些人的專利。要想成為億萬富翁絕不是難事！社會脈動的定律也不會是『富者恆富，窮者續窮』。能擁有好運、奇運的人就有機會，照樣能創造出新的財富出來！

而世界上真正的財富都是創造出來的。用什麼來創造呢？就是用的『偏財運』！

有『偏財運』的人在發運時，彷彿嗅覺靈敏的獵犬一般，永遠有敏銳的、革新的能力與智慧，去探索你的新運氣，預估並發現你的新未來。

『偏財運』能創造新的財富出來！

倘若你真想作個『億萬富翁』！先培養你在潛意識的自己，是個真正的『億萬富翁』吧！

信心與預測『偏財運』的能力、就是你成為『億萬富翁』的第一步！

第二節 改變一生的影響力

在人生最大的賭局中，你要抓住『旺運』翻身，再不能用『一翻兩瞪眼』的招式害了自己！

人們常常祈求上蒼神明，或是欲尋求周遭的親朋好友，希望他們能給予幫助來改變自己一生的機會，但往往都是緣木求魚，不得其果。

難道就沒有其他能改變自己一生的力量了嗎？

歷史上告訴我們，能改變人生的這個力量是存在的！

秦始皇在幼年時為人洗馬，一餐都不濟。可是有一天他卻進入

如何算出你的偏財運

當時的京城，坐上王位繼承人的寶座。是誰改變了他一生的命運呢？

我告訴你，沒有別人，是他自己改變了他的命運！

從歷史的角度來看，秦始皇是個最早統一中國的霸主。從命理的角度來看，他也是具有最強勢運命的人。在如此強勢運命的推動之下，再加上他自己本身有預知命運的本能，勤知好學，能掌握每一個轉變所帶來的吉凶，而作出進退。這就是改變他人生的力量了！

他的那股強勢的運命，就是我們稱之為『偏財運』的氣運。

『偏財運』真能改變你的一生嗎？

我們都知道，人生本身就像一場最大的賭局。是常常需要『選擇』與『取捨』的賭局，吉凶結果的百分比我們並不知道。譬如說：小時候選擇學校、選擇朋友。長大了，選擇配偶，組織家庭。選擇努力的方向、選擇工作、選擇自己做老闆。老的時候，選擇醫院，都是在選擇中下賭注的。有時要付出極大的金錢和後果，像是『男怕入錯行，女怕嫁錯郎。』之類的痛苦。選錯了醫院，會有生命的危險。這些風險之大，每一個決定都會改變你的一生，你要如何來掌控呢？

因此你要懂得去瞭解和利用『偏財運』發運的時刻，像秦始皇一樣，將它發揮的淋漓盡致。這個『偏財運』就是改變你一生的影響力了！

當你學到了如何利用『偏財運』和如何幫助自己發運，你就是學到了終身受用，而且會不斷增值的方法了！你還會需要『求』別人嗎？根本不需要！

第三節 你的寶藏圖在那裡？

超級尋寶遊戲，人人有得玩。

每個人從小到大都玩過無數的『尋寶』遊戲。

也有人說：『我根本不喜歡尋寶遊戲，也不屑於玩它！』

我聽到後總是暗暗好笑，輕鬆的回答他說：『你不必討厭！你已經在玩了！』

這些人莫名其妙的表情，顯示了他們的疑問。

在人的一生中主要追求的目標，就是金錢、財富、事業、地位、家庭和樂。所以在問命、算命的人們中也都是以事業、感情的問題為主題。

事業就是財富的代表，也是絕大多數人追求目標的主流。芸芸眾生，終其一生，利用各種方法在追求財富，這豈不是一場『超級尋寶遊戲』！你豈可輕易的說：你不想玩了！

既然這是一場超級的『尋寶遊戲』。怎麼玩法？有的人玩得很好，為什麼有的人玩得很糟？

現在告訴你原因。因為有些人已經知道了藏寶圖的所在，只要隨圖尋寶，已經找到，並且正快樂的享用寶藏裡的財富囉！

而有些人至今還懵懂不通，在人生晦暗的道路上摸索前進。當然尋不到寶，自然窮困閉塞，叫苦連天！

▽如何算出你的偏財運

寶藏圖在那裡呢？真是這麼難找嗎？

其實一點也不難！在你出生時、上蒼早已每人發了一張給你，只是你自己不認識那就是『藏寶圖』罷了！怪得了誰呢？

紫微命盤——就是你的『藏寶圖』

打開你的紫微命盤，仔細的瞧瞧看吧！上蒼早已清楚的記載，並顯示給你看！

你一生的財富有多少？

什麼時候可以多取用一些（發偏財運時）？

什麼時候要節省用度？何時會有劫財（被人借走、倒債、奪取花用）？

你看！這麼大一筆『寶藏』，而且是屬於你自己個人所有的，只要找到關鍵的鑰匙，就可以隨意運用，是不是大快人心的事?你若是不知道有這個『寶藏』的這回事，你怨誰?

每個人都擁有自己的『寶藏圖』，怎麼運用又要看你的智慧了!

有的人很貪心，想一次就全部取走花用。但是先警告你!若不留一點作底的話，也會沒命消受的。

又有些人，一點也不關心『寶藏』的事，天性節儉、勞碌，也不捨得花用既有的財富，最後在人生結束時，又將這些財富帶回土裡去了。

怎樣讓今生過得又富有又美好呢?花你該花的，用你該用的。命盤中顯示的財富就是你可用的財富，也是該你花用享受的財富。因此你要學習開啟寶藏的技巧，不要弄巧成拙才好。

如何算出你的偏財運

真正想取用『寶藏』中財富的技巧，就是利用你的『偏財運』發運的時刻多取用一點！

有什麼辦法能從『寶藏』中多取一些財富出來，來圓今生『富有』的美夢，這就是這本書要告訴你的秘訣！耐心的看下去吧！學到這個秘訣並不難，學到後，你就能立即掌控數千萬乃至數億元的財富！

第一步！請先看下面『藏寶圖』的特殊格局！

第四節　藏寶圖的特殊格局

『偏財運』的命格格局

『偏財運』的命格格局，大致有三十五種之多，但總離不開『武曲』、『貪狼』、『火星』、『鈴星』這些星曜之間的組合。因為組合的不同，所處之宮的旺弱有分，而造成『偏財運』發運時的強與弱。

紫微命盤兼具多種身份，既是你的出生證明書，也是一生重要行事表。更是此生的財務報表和藏寶圖，你必須將它讀通弄懂。

偏財運格局總覽

辰戌『武貪格』

武曲、貪狼在辰戌宮獨坐

武曲在辰宮，貪狼在戌宮相照。若無羊陀化忌、劫空沖破，為『武貪格』偏財運最好的格局。

每逢運行龍年、狗年都有極強的暴發運。

紫微在申

太陽(旺) 巳	破軍(廟) 午	天機(陷) 未	紫微(旺) 天府(得) 申
武曲(廟) 辰			太陰(旺) 酉
天同(平) 卯			貪狼(廟) 戌
七殺(廟) 寅	天梁(旺) 丑	廉貞(平) 天相(廟) 子	巨門(旺) 亥

（第二級）

辰戌『武貪格』（辰戌武貪格）

武貪格有擎羊、陀羅同宮為破格，命理上偏財運格有瑕疵，實際上仍有偏財，為煞星所沖破，若稍有見紅（小血光）之事可保偏財。

紫微在申

太陽(旺) 巳	破軍(廟) 午	天機(陷) 未	紫微(旺) 天府(得) 申
武曲(廟) 辰			太陰(旺) 酉
天同(平) 卯			貪狼(廟) 擎羊 (陀羅) 戌
七殺(廟) 寅	天梁(旺) 丑	廉貞(平) 天相(廟) 子	巨門(旺) 亥

（第八級）

辰戌『武火貪格』

武曲在辰，貪狼在戌。有火星、鈴星與武曲同宮時，會增強其偏運的速度。龍年、狗年有偏財運。以戌年暴發的好運財富較大，辰年較次之。因有火、鈴刑財之故。此格坐命辰宮者，身世坎坷、六親緣薄。

紫微在申

太陽(旺) 巳	破軍(廟) 午	天機(陷) 未	紫微(旺) 天府(得) 申
武曲(廟) 火星 (鈴星) 辰			太陰(旺) 酉
天同(平) 卯			貪狼(廟) 戌
七殺(廟) 寅	天梁(旺) 丑	廉貞(平) 天相(廟) 子	巨門(旺) 亥

（第三級）

辰戌『武火貪格』

武曲在辰，火貪、鈴貪在戌宮相照。為『雙重暴發運』格，有極強的偏財運，且在龍年、狗年暴發財富。辰年、戌年所暴發的財富都很大。（此格較刑不到財）

紫微在申

太陽(旺) 巳	破軍(廟) 午	天機(陷) 未	紫微(旺) 天府(得) 申
武曲(廟) 辰			太陰(旺) 酉
天同(平) 卯			貪狼(廟) 火星 (鈴星) 戌
七殺(廟) 寅	天梁(旺) 丑	廉貞(平) 天相(廟) 子	巨門(旺) 亥

（第一級）

辰戌『武火貪格』

武曲在戌宮，貪狼在辰宮。也不能有羊陀、劫空沖破，才算正格。龍年、狗年有偏財運。

紫微在寅

巨門(旺) 巳	廉貞(平) 天相(廟) 午	天梁(旺) 未	七殺(廟) 申
貪狼(廟) 辰			天同(平) 酉
太陰(陷) 卯			武曲(廟) 戌
紫微(旺) 天府(廟) 寅	天機(陷) 丑	破軍(廟) 子	太陽(陷) 亥

(第二級)

辰戌『武貪格』

武曲在戌，貪狼、羊陀相照，亦為破格，有血光見紅可破，偏財可保。有化忌、劫空在辰、戌宮出現，不發。

紫微在寅

巨門(旺) 巳	廉貞(平) 天相(廟) 午	天梁(旺) 未	七殺(廟) 申
貪狼(廟) 擎羊 (陀羅) 辰			天同(平) 酉
太陰(陷) 卯			武曲(廟) 戌
紫微(旺) 天府(廟) 寅	天機(陷) 丑	破軍(廟) 子	太陽(陷) 亥

(第八級)

『武火貪格』

武曲在戌，貪狼在辰宮與火星、鈴星同宮，亦為『雙重暴發運』格，會增強其偏財運的強度與速度。

龍年、狗年都有極大的偏財運。

紫微在寅（第二級）

巨門(旺) 巳	廉貞(平) 天相(廟) 午	天梁(旺) 未	七殺(廟) 申
貪狼(廟) 火星 (鈴星) 辰			天同(平) 酉
太陰(陷) 卯			武曲(廟) 戌
紫微(旺) 天府(廟) 寅	天機(陷) 丑	破軍(廟) 子	太陽(陷) 亥

辰戌『武火貪格』

武曲在戌與火鈴同宮，貪狼在辰宮，此命有偏財，但武曲會煞坐命會刑財，其人性格古怪、身世坎坷，六親緣薄。

龍年、狗年有偏財運，龍年較強較大。需無化忌、劫空同宮才行。

紫微在寅（第三級）

巨門(旺) 巳	廉貞(平) 天相(廟) 午	天梁(旺) 未	七殺(廟) 申
貪狼(廟) 辰			天同(平) 酉
太陰(陷) 卯			武曲(廟) 火星 (鈴星) 戌
紫微(旺) 天府(廟) 寅	天機(陷) 丑	破軍(廟) 子	太陽(陷) 亥

丑未『武貪格』

武曲、貪狼在丑宮同宮

武曲、貪狼在丑宮，每逢丑、未年爆發偏財運，而以丑年為較強。可暴發事業上的運氣和財富。但需無化忌、劫空同宮才行。

紫微在巳

紫微(旺) 七殺(平) 巳	午	未	申
天機(平) 天梁(廟) 辰			廉貞(平) 破軍(陷) 酉
天相(陷) 卯			戌
太陽(旺) 巨門(廟) 寅	武曲(廟) 貪狼(廟) 丑	天同(旺) 太陰(廟) 子	天府(得) 亥

(第五級)

丑未『武貪格』

武曲、貪狼在未宮，每逢丑、未年有爆發之運，而以羊年為最強。丑年也有偏財運，但較弱。需無化忌、劫空同宮才行。

紫微在亥

天府(得) 巳	天同(陷) 太陰(平) 午	武曲(廟) 貪狼(廟) 未	太陽(得) 巨門(廟) 申
辰			天相(陷) 酉
廉貞(平) 破軍(陷) 卯			天機(平) 天梁(廟) 戌
寅	丑	子	紫微(旺) 七殺(平) 亥

(第三級)

丑未『武火貪格』（武鈴貪格）

武貪、火鈴相照，牛、羊年偏財運皆強。但需要化忌、劫空同宮才行。丑年暴發的是好運和錢財。未年暴發的錢財為主。為雙重暴發運格或雙重偏財運格。

紫微在巳（第二級）

紫微(旺) 七殺(平) 巳	午	火星(鈴星) 未	申
天機(平) 天梁(廟) 辰			廉貞(平) 破軍(陷) 酉
天相(陷) 卯			戌
太陽(旺) 巨門(廟) 寅	武曲(廟) 貪狼(廟) 丑	天同(旺) 太陰(廟) 子	天府(得) 亥

丑未『武火貪格』（武鈴貪格）

武貪在未宮，火鈴在丑宮相照，每隔六年發一次。需無化忌、劫空同宮才行。牛、羊年有爆發運。丑、未年都能暴發財富。有雙重暴發運格或雙重偏財運格。

紫微在亥（第五級）

天府(得) 巳	天同(陷) 太陰(平) 午	武曲(廟) 貪狼(廟) 未	太陽(得) 巨門(廟) 申
辰			天相(陷) 酉
廉貞(平) 破軍(陷) 卯			天機(平) 天梁(廟) 戌
寅	火星(鈴星) 丑	子	紫微(旺) 七殺(平) 亥

丑未『武火貪格』（武鈴貪格）

若有火鈴同宮更增強爆發運的速度和成果。為雙重偏財運格。武貪、火鈴同宮，牛年、羊年有偏財運，牛年偏財運最強。需無化忌、劫空同宮或相照才行。

紫微在巳（第三級）

巳	午	未	申
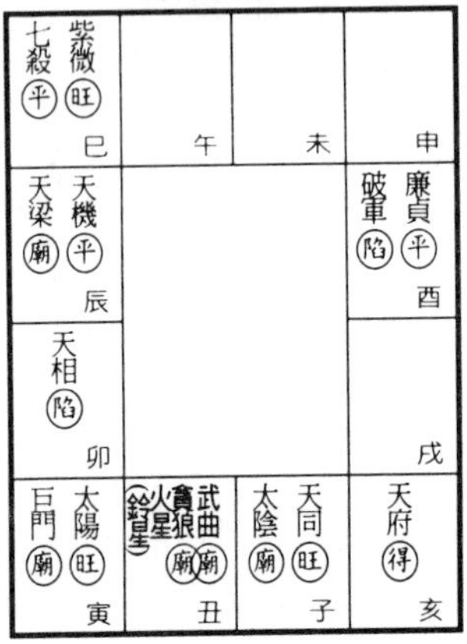 紫微(旺) 七殺(平) 巳	午	未	申
天機(平) 天梁(廟) 辰			廉貞(平) 破軍(陷) 酉
天相(陷) 卯			戌
太陽(旺) 巨門(廟) 寅	武曲(廟) 貪狼(廟) 火星 (鈴星) 丑	天同(旺) 太陰(廟) 子	天府(得) 亥

丑未『武火貪格』（武鈴貪格）

武貪在未宮，有火鈴同宮更增強爆發運的速度和成果。為雙重偏財運格。牛、羊年皆有偏財運，羊年最強。丑年很微弱。需無化忌、劫空同宮或相照才行。

紫微在亥（第四級）

巳	午	未	申
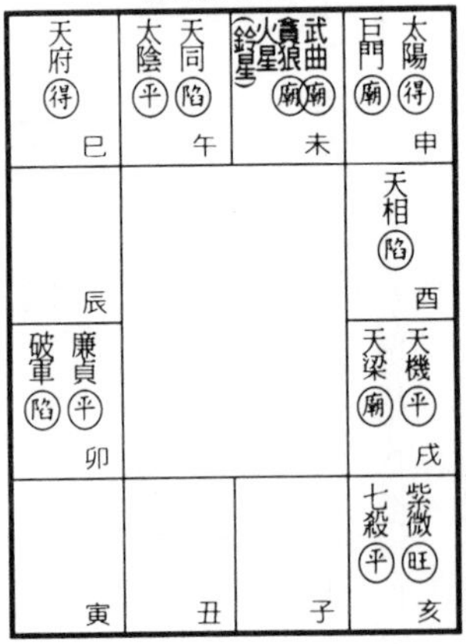 天府(得) 巳	天同(陷) 太陰(平) 午	武曲(廟) 貪狼(廟) 火星 (鈴星) 未	太陽(得) 巨門(廟) 申
辰			天相(陷) 酉
廉貞(平) 破軍(陷) 卯			天機(平) 天梁(廟) 戌
寅	丑	子	紫微(旺) 七殺(平) 亥

子午『火貪格』（子午鈴貪格）
貪狼在子宮獨坐與火鈴相照

貪狼在子宮，火星、鈴星和紫微同在午宮。

此時火貪或鈴貪皆居廟旺之地，爆發之偏財運銳不可當。

鼠年、馬年有偏財運。鼠年、馬年皆強。

紫微在午

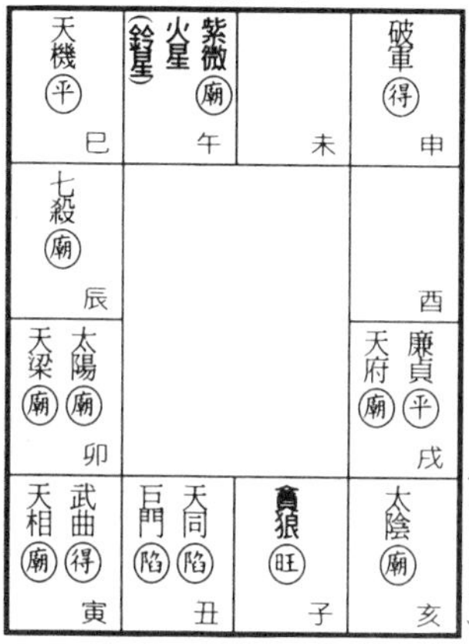

巳	午	未	申
天機(平)	紫微(廟) 火星 (鈴星)		破軍(得)
辰 七殺(廟)			**酉**
卯 太陽(廟) 天梁(廟)			**戌** 廉貞(平) 天府(廟)
寅 武曲(得) 天相(廟)	**丑** 天同(陷) 巨門(陷)	**子** 貪狼(旺)	**亥** 太陰(廟)

（第六級）

子午『火貪格』（子午鈴貪格）
貪狼在午宮，子宮有火鈴相照

貪狼在午宮，火星，鈴星和紫微同在子宮，此時貪狼雖居旺，但火星、鈴星卻居陷位，仍有偏財運，但強度較弱，所得之錢財與好運較旺位者為少。鼠年、馬年有偏財運。馬年最強。

紫微在子

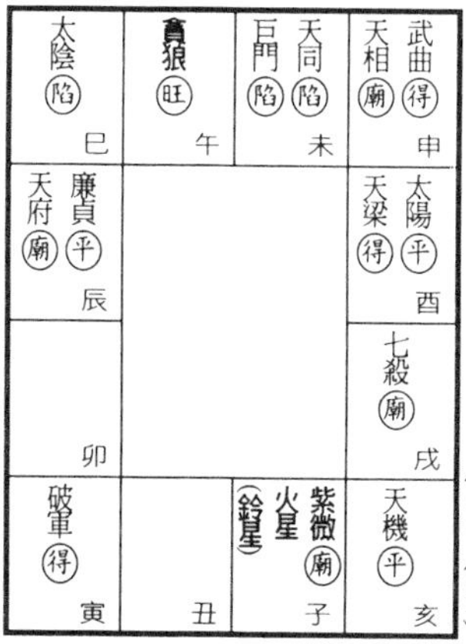

巳	午	未	申
太陰(陷)	貪狼(旺)	天同(陷) 巨門(陷)	武曲(得) 天相(廟)
辰 廉貞(平) 天府(廟)			**酉** 太陽(平) 天梁(得)
卯			**戌** 七殺(廟)
寅 破軍(得)	**丑**	**子** 紫微(廟) 火星 (鈴星)	**亥** 天機(平)

（第八級）

子午『火貪格』（子午鈴貪格）

火星和貪狼同在午宮同宮，『火鈴貪』在午宮偏運較強。

鼠年、馬年有偏財運。馬年最強。

子午『火貪格』（子午鈴貪格）

火星和貪狼同在子宮同宮，火鈴在子宮為陷落，偏運較弱。

鼠年、馬年有偏財運。子年較強。

紫微在子

太陰(陷) 巳	貪狼(旺) 火星 (鈴星) 午	天同(陷) 巨門(陷) 未	武曲(得) 天相(廟) 申
廉貞(平) 天府(廟) 辰			太陽(平) 天梁(得) 酉
卯			七殺(廟) 戌
破軍(得) 寅	丑	紫微(廟) 子	天機(平) 亥

（第五級）

紫微在午

天機(平) 巳	紫微(廟) 午	未	破軍(得) 申
七殺(廟) 辰			酉
太陽(廟) 天梁(廟) 卯			廉貞(平) 天府(廟) 戌
武曲(得) 天相(廟) 寅	天同(陷) 巨門(陷) 丑	貪狼(旺) 火星 (鈴星) 子	太陰(廟) 亥

（第八級）

卯酉『火貪格』（卯酉鈴貪格）

紫貪在酉宮，火星、鈴星在卯宮，火（鈴）居得地之位，貪狼居平位。偏財運層次較低，比前者的一些格局低。

兔年、雞年有偏財運。以酉年發財較大。（不可有化忌、劫空在卯、酉宮出現）

紫微在卯（第九級）

巳	午	未	申
天相(得)	天梁(廟)	廉貞(平) 七殺(廟)	
辰 巨門(陷)			酉 火星(鈴星)
卯 紫微(旺) 貪狼(平)			戌 天同(平)
天機(得) 太陰(旺)	天府(廟)	太陽(陷)	武曲(平) 破軍(平)
寅	丑	子	亥

卯酉『火貪格』（卯酉鈴貪格）

紫貪在卯宮，火星（鈴星）在酉宮，火（鈴）居平位，貪狼也居平。卯年、酉年爆發財富。

兔年、雞年有偏財運。兔年較大一點。但需無化忌、劫空出現。

紫微在酉（第九級）

巳	午	未	申
武曲(平) 破軍(平)	太陽(旺)	天府(廟)	天機(得) 太陰(平)
辰 天同(平)			酉 紫微(旺) 貪狼(平)
卯 火星(鈴星)			戌 巨門(陷)
	廉貞 平 七殺(廟)	天梁(廟)	天相(得)
寅	丑	子	亥

、如何算出你的偏財運

卯酉『火貪格』（卯酉鈴貪格）

紫貪在卯宮與火星、鈴星同宮，貪狼在平陷的位置，火鈴也居平陷，所發之偏運只能算是三流的財富跟運氣。兔年、雞年有偏財運。兔年較強。但需無化忌、劫空才會發。

紫微在卯

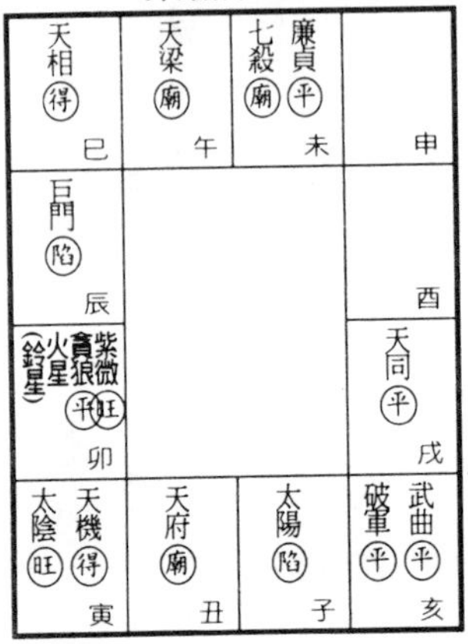

天相(得) 巳	天梁(廟) 午	七殺(廟) 廉貞(平) 未	申
巨門(陷) 辰			酉
紫微(旺) 貪狼(平) 火星 (鈴星) 卯			天同(平) 戌
天機(得) 太陰(旺) 寅	天府(廟) 丑	太陽(陷) 子	武曲(平) 破軍(平) 亥

（第九級）

卯酉『火貪格』（卯酉鈴貪格）

紫貪在酉宮與火星、鈴星同宮，貪狼居平和火鈴居得地之位，酉年的偏財運比上者為強。雞年、兔年有偏財運。雞年較強。但需無化忌、劫空才會發。

紫微在酉

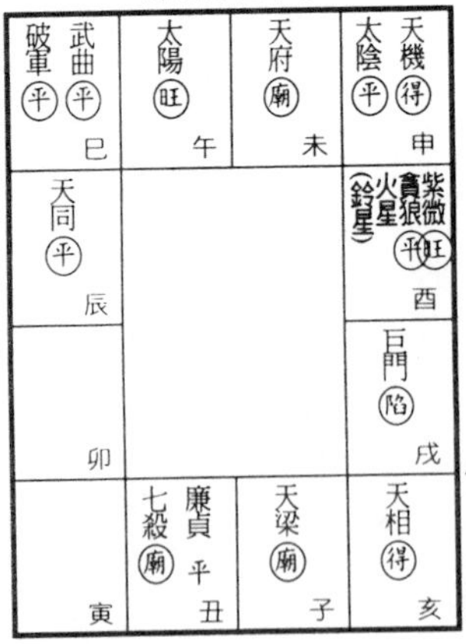

武曲(平) 破軍(平) 巳	太陽(旺) 午	天府(廟) 未	天機(得) 太陰(平) 申
天同(平) 辰			紫微(旺) 貪狼(平) 火星 (鈴星) 酉
卯			巨門(陷) 戌
寅	廉貞 平 七殺(廟) 丑	天梁(廟) 子	天相(得) 亥

（第九級）

寅申『火貪格』（寅申鈴貪格）

貪狼與火星、鈴星在寅宮同宮，對宮有廉貞相照，亦為橫發之格。火、鈴居廟位，貪狼居平，偏財運頗強。虎年、猴年有暴發運。虎年暴發運較強、較大。寅、申宮有天空、地劫相照時不發。申宮有廉貞化忌時，申年不發，寅年會發。寅宮有貪狼化忌時，寅、申年都不發。

寅申『火貪格』（寅申鈴貪格）

貪狼在申宮與火星、鈴星同宮，皆因在平陷的之位，爆發的機會不如寅宮強。猴年、虎年有機會。猴年偏財稍強。

寅、申宮有天空、地劫相照時都不發。若寅宮有廉貞化忌時，申年會發。若申宮有貪狼化忌時，寅、申年都不發。

紫微在辰

天梁(陷) 巳	七殺(旺) 午	未	廉貞(廟) 申
紫微(得) 天相(得) 辰			酉
天機(旺) 巨門(廟) 卯			破軍(旺) 戌
貪狼(平) 火星 (鈴星) 寅	太陽(廟) 太陰(廟) 丑	武曲(旺) 天府(廟) 子	天同(廟) 亥

（第七級）

紫微在戌

天同(廟) 巳	武曲(旺) 天府(旺) 午	太陽(得) 太陰(陷) 未	貪狼(平) 火星 (鈴星) 申
破軍(旺) 辰			天機(旺) 巨門(廟) 酉
卯			紫微(得) 天相(得) 戌
廉貞(廟) 寅	丑	七殺(旺) 子	天梁(陷) 亥

（第九級）

寅申『火貪格』（寅申鈴貪格）

貪狼在申宮獨坐，火星、鈴星在寅宮相照，因火鈴居旺，橫發的機會仍是很強。虎年、猴年有好運。虎年最強。

若有天空、地劫在寅、申宮相對照時，都不發。若寅宮有廉貞化忌，會爆發後帶災難、血光。若申宮有貪狼化忌，中年不發，寅年有極小的偏財。

紫微在戌（第五級）

巳	午	未	申
天同(廟)	武曲(旺) 天府(旺)	太陽(得) 太陰(陷)	貪狼(平)
辰：破軍(旺)			酉：天機(旺) 巨門(廟)
卯：			戌：紫微(得) 天相(得)
寅：廉貞(廟) 火星 (鈴星)	丑：	子：七殺(旺)	亥：天梁(陷)

寅申『火貪格』（寅申鈴貪格）

貪狼在寅宮獨坐，火星、鈴星和廉貞在申宮相照，因貪狼居平、火星、鈴星落陷，所能發之偏財運較少。

若寅、申宮有天空、地劫相照，都不發。若寅宮有貪狼化忌，寅年不發，申年有微小的偏財。若申宮有廉貞化忌，寅、申年所爆發之偏財運，皆會帶血光或是非災禍。

紫微在辰（第七級）

巳	午	未	申
天梁(陷)	七殺(旺)		廉貞(廟) 火星 (鈴星)
辰：紫微(得) 天相(得)			酉：
卯：天機(旺) 巨門(廟)			戌：破軍(旺)
寅：貪狼(平)	丑：太陽(廟) 太陰(廟)	子：武曲(旺) 天府(廟)	亥：天同(廟)

巳亥『火貪格』（巳亥鈴貪格）

貪狼與廉貞火星（鈴星）在巳宮同宮，火星、鈴星在巳宮居得地之位，貪狼居陷，偏財運是這一組『廉火貪格』、『廉鈴貪格』中稍強的。如有地劫、天空同宮或相照，不發。若有地劫、天空同宮或相照，不發。若有化忌同宮也不發，或暴發後有血光、災難。

巳亥『火貪格』（巳亥鈴貪格）

廉貞、貪狼在亥宮與火星、鈴星同宮，四星皆居平陷，偏財亦有，實在太少了。如有劫空同宮或相照，不發。若有化忌同宮，亦不發，或暴發後帶有血光、是非、災禍。

紫微在丑（第九級）

巳	午	未	申
廉貞(陷) 貪狼(陷) 火星 (鈴星) 巳	巨門(旺) 午	天相(得) 未	天同(旺) 天梁(陷) 申
太陰(陷) 辰			武曲(平) 七殺(旺) 酉
天府(得) 卯			太陽(陷) 戌
寅	紫微(廟) 破軍(旺) 丑	天機(廟) 子	亥

紫微在未（第十級）

巳	午	未	申
巳	天機(廟) 午	紫微(廟) 破軍(旺) 未	申
太陽(旺) 辰			天府(旺) 酉
武曲(平) 七殺(旺) 卯			太陰(旺) 戌
天同(平) 天梁(廟) 寅	天相(廟) 丑	巨門(旺) 子	廉貞(陷) 貪狼(陷) 火星 (鈴星) 亥

巳亥『火貪格』（巳亥鈴貪格）

廉貞、貪狼在巳宮，有火星、鈴星在亥宮相照，四星皆居陷落，偏運極低。但仍會有。若有劫空同宮或相照，不發。若有化忌在巳宮出現，巳年不發，亥年也微乎其微。

紫微在丑

（第十級）

廉貞(陷) 貪狼(陷) 巳	巨門(旺) 午	天相(得) 未	天同(旺) 天梁(陷) 申
太陰(陷) 辰			武曲(平) 七殺(旺) 酉
天府(得) 卯			太陽(陷) 戌
寅	紫微(廟) 破軍(旺) 丑	天廟(廟) 子	火星(鈴星) 亥

巳亥『火貪格』（巳亥鈴貪格）

廉貞、貪狼在亥宮，火星、鈴星在巳宮相照，廉貪雖居陷，火鈴居得地之位稍強。蛇年有偏財運，較強。豬年不一定感覺得到。

有劫空在巳、亥宮出現都不發。亥宮有化忌時，巳年還會發小財，但亥年不發，有災。

紫微在未

（第十級）

火星(鈴星) 巳	天機(廟) 午	紫微(廟) 破軍(旺) 未	申
太陽(旺) 辰			天府(旺) 酉
武曲(平) 七殺(旺) 卯			太陰(旺) 戌
天同(平) 天梁(廟) 寅	天相(廟) 丑	巨門(旺) 子	廉貞(陷) 貪狼(陷) 亥

第五節　偏財運的破格形式

偏財運的破格形式有三種

1. 『武貪格』、『火貪格』、『鈴貪格』中有擎羊、陀羅同宮的形式，仍會爆發，會有血光之事發生。也能因有小血光而觸動暴發運、偏財運。

2. 『武貪格』、『火貪格』、『鈴貪格』中有地劫、天空同宮的形式，會不發，沒有偏財運。

3. 『武貪格』、『火貪格』、『鈴貪格』中有化忌同宮的形式，也會不發，或帶有血光、災禍的偏財運。

如何算出你的偏財運

偏財運破格形式

丑未偏財運的破格

此格雖然是『武火貪』格，有雙重暴發，但在對宮有擎羊、陀羅、地劫、天空相照時。有擎羊、陀羅相照時，在丑年亦會發，未年有劫難、拖延之勢，不會發。有劫、空相照時，未年肯定不發，丑年會發，亦有不發的情形。

紫微在巳

巳	午	未	申
紫微(旺) 七殺(平)		擎羊 陀羅 地劫 天空	
辰：天機(平) 天梁(廟)			酉：廉貞(平) 破軍(陷)
卯：天相(陷)			戌：
寅：太陽(旺) 巨門(廟)	丑：武曲(廟) 貪狼(廟) 火星	子：天同(旺) 太陰(廟)	亥：天府(得)

丑未偏財運的破格

此格雖然是『武貪』格，有擎羊、陀羅相照時，丑、未年仍會暴發。未年較強，丑年很弱。但有地劫、天空相照時，丑年肯定不發，未年也會受影響而不發。

紫微在亥

巳	午	未	申
天府(得)	天同(陷) 太陰(平)	武曲(廟) 貪狼(廟)	太陽(得) 巨門(廟)
辰：			酉：天相(陷)
卯：廉貞(平) 破軍(陷)			戌：天機(平) 天梁(廟)
寅：	丑：擎羊 陀羅 地劫 天空	子：	亥：紫微(旺) 七殺(平)

辰戌偏財運的破格

此格為『武貪格』之破格，有天空、地劫與武曲或貪狼同宮時，暴發運不發，沒有偏財運。

辰戌偏財運的破格

此格為『武貪格』之破格，有擎羊、陀羅和武曲同宮為『劫財』，和貪狼同宮為『劫運』。偏財運有瑕疵。依然會發，但有羊陀之年有拖延之勢。相照宮位的流年暴發力較強。

紫微在申

太陽(旺) 巳	破軍(廟) 午	天機(陷) 未	紫微(旺) 天府(得) 申
武曲(廟) 天空 (地劫) 辰			太陰(旺) 酉
天同(平) 卯			貪狼(廟) 戌
七殺(廟) 寅	天梁(旺) 丑	廉貞(平) 天相(廟) 子	巨門(旺) 亥

紫微在寅

巨門(旺) 巳	廉貞(平) 天相(廟) 午	天梁(旺) 未	七殺(廟) 申
貪狼(廟) 辰			天同(平) 酉
太陰(陷) 卯			武曲(廟) 擎羊 (陀羅) 戌
紫微(旺) 天府(廟) 寅	天機(陷) 丑	破軍(廟) 子	太陽(陷) 亥

卯酉偏財運的破格

此格雖然是『火貪格』（鈴貪格）。若有擎羊同宮在卯宮，因居陷，卯年暴發運極低，幾近於無。偏財運全在酉年（雞年）。

若有地劫、天空在卯宮有紫貪同宮，雖對宮有火、鈴相照，為『火貪格』、『鈴貪格』，但仍會不發。（此格式中擎羊和劫空與火星同宮也是一樣）。

紫微在卯

天相(得) 巳	天梁(廟) 午	廉貞(平) 七殺(廟) 未	申
巨門(陷) 辰			火星(鈴星) 酉
紫微(旺) 貪狼(平) 擎羊 (地劫) (天空) 卯			天同(平) 戌
天機(得) 太陰(旺) 寅	天府(廟) 丑	太陽(陷) 子	武曲(平) 破軍(平) 亥

巳亥偏財運的破格

此格雖然是『火貪格』（鈴貪格）。若只有陀羅同宮或相照，為破格，依然會發，但有拖延、慢發之勢。偏財運極低。若有地劫、天空進入巳宮或亥宮，偏財運不發，破格破得厲害。

若有廉貞化忌、貪狼、火（鈴）同宮，會不發，或帶災禍之偏財運。若有貪狼化忌同宮，鐵定不發。

紫微在丑

廉貞(陷) 貪狼(陷) 火(鈴)星 陀羅 巳	巨門(旺) 午	天相(得) 未	天同(旺) 天梁(陷) 申
太陰(陷) 辰			武曲(平) 七殺(旺) 酉
天府(得) 卯			太陽(陷) 戌
寅	紫微(廟) 破軍(旺) 丑	天廟(廟) 子	天空 地劫 亥

第六節　偏財運的要件

*必須要大運逢之，流年逢之，流月逢之，三重偏運相逢，可發大財運。

*倘若命盤中的『武貪』、『火貪』、『鈴貪』格在其他宮，例如父母宮和疾厄宮相對照、兄弟宮和僕役宮相對照的格式，流年逢到這些宮位也是會有偏財運的。

例一：郝柏村先生命盤中，命宮在辰宮，武曲化祿坐命，遷移宮又有貪狼化權對照，皆坐廟地極旺之位，偏財運極強，其人在辰、戌年都會有奇佳之偏運。其人若是從商，成就更高。

郝柏村先生命盤

父母宮 太陽 右弼 天馬 陀羅 己巳	福德宮 破軍 祿存 天姚 庚午	田宅宮 天機 文昌 文曲化忌 擎羊 辛未	官祿宮 紫微 天府 天鉞 83－92 壬申
命宮 武曲化祿 3－12 戊辰	陰男		僕役宮 太陰 左輔 73－82 癸酉
兄弟宮 天同 13－22 丁卯	木三局		遷移宮 貪狼化權 63－72 甲戌
夫妻宮 七殺 23－32 丙寅	子女宮 天梁化科 鈴星 33－42 丁丑	財帛宮 廉貞 天相 火星 天魁 43－52 丙子	疾厄宮 巨門 53－62 乙亥

例二：黃先生的命盤中命宮在子宮，同陰坐命，『武貪格』坐父母宮在丑宮，其人在牛、羊年有好運，而以牛年的偏運較強。

黃先生命盤

僕役宮 紫微 七殺 文昌化科 祿存 癸巳	遷移宮 擎羊 火星 甲午	僕役宮 右弼 左輔 乙未	財帛宮 鈴星 丙申
官祿宮 天機化權 天梁 陀羅 庚辰	陽男 丙寅年 土五局		子女宮 廉貞化忌 破軍 文曲 丁酉
田宅宮 天相 己卯			夫妻宮 戊戌
福德宮 太陽 巨門 庚寅	父母宮 武曲 貪狼 辛丑	命宮 天同化祿 太陰 庚子	兄弟宮 天府 天馬 己亥

第七節　你有沒有『偏財運』？

從上一節『偏財運』的命格格局範例中，你有沒有找到與你自己命盤中有類似的地方？

倘若有，就要恭喜你啦！你是一個擁有『偏財運』的人，要好好的計劃來把握它！

若是沒有相似的格局，那就表示你是一個賺正財的人，必須自己努力打拼才會獲得成功，加油啊！

『偏財運』的格局，並不一定要在命宮出現才算，若是在其他的宮位，如官祿宮和夫妻宮、兄弟宮和僕役宮、疾厄宮和父母宮相對照出現，逢到此宮年支的流年年份，都會爆發『偏財運』的。

又因為『宮位』都有對照的關係，故而十二年為『一輪』中，就有兩次的機會可以爆發『偏財運』。每一年中也會擁有兩個對照的月份有『偏財運』。

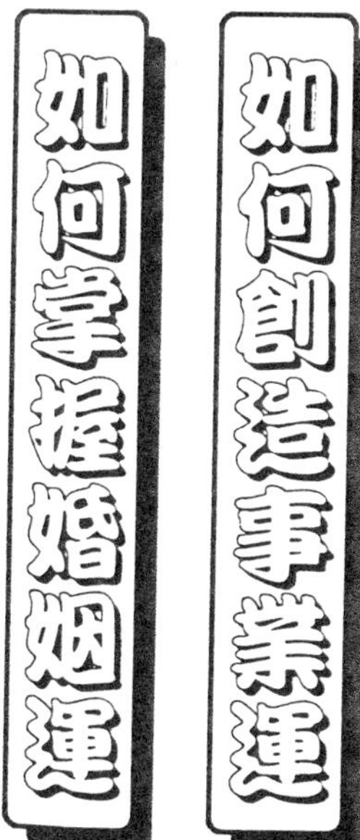

第八節　具有雙重『偏財運』的人

還有一些『偏財運』特別多的人，他們是擁有雙份『偏財運』的。譬如說：他們同時擁有『武曲、貪狼』在一組，對宮又擁有『火星或鈴星』在對宮相照。如此一來，『偏財運』就特別強。會有極大的富貴了。十二年為『一輪』中也會有二年處在超級『偏財運』當中。不過，也要視星曜所處之宮位，看星曜之旺弱，來定『偏財運』的強度與財富的級數。

『偏財運』太多的人，多半是個性上多機巧，比較浮動，沒法靜下來的人。因為常常有好運，處處有好運，反而不事努力，有一點小偏運、小偏財就心喜竊笑，洋洋得意。因此，我們可以看到，

如何算出你的偏財運

成功者常常不是那些『偏財運』多的人。而是那些沒有『偏財運』而孜孜不倦的努力、步步都是踏實腳印的人。

告訴你一個秘密，蔡萬霖就沒有『偏財運』！你會很驚奇嗎？為什麼他還會擁有高居世界第五位的財富呢？

因為他本身是個天府坐命的人，天府是財庫星，天府坐命的人凡事按步就班，作事很有計劃，是個老謀深算的人。他又有良好的官祿宮、僕役宮。有人幫他賺錢！一個人賺錢當然辛苦又賺得少，有幾百萬人替他賺錢《保險業》，報上曾經報導國泰人壽一天的進帳是三億台幣，怎能不成為台灣首富呢？

蔡萬霖先生命盤

財帛宮 天馬 己巳	子女宮 天機 文曲 庚午	夫妻宮 紫微 破軍化權 天鉞 辛未	兄弟宮 文昌 壬申
疾厄宮 太陽化忌 火星 74 — 83 戊辰	金四局	陽男	命　宮 天府 4 — 13 癸酉
遷移宮 武曲化科 七殺 擎羊 64 — 73 丁卯			父母宮 太陰 14 — 23 甲戌
僕役宮 天同 天梁 祿存 54 — 63 丙寅	官祿宮 天相 右弼 天魁 左輔 陀羅 44 — 53 丁丑	田宅宮 巨門 鈴星 34 — 43 丙子	福德宮 廉貞化祿 貪狼 24 — 33 乙亥

第九節　一生到底有多少財富？

此生有多少財富？在你隨「生」帶來的出生證明書──紫微命盤中有詳細的財務報表。

自古以來，宗教和命理的關係總是密不可分，從這方面的觀念裡，財富是在人類出生時早就確定的，根據你在宇宙中座標落坐的位置（指生辰八字）而有所不同，有多有少，有強有弱。

你一輩子到底有多少錢呢？《法雲居士所著──你一輩子有多少財》已出版，大家常常探尋這個問題。是『偏財運』帶來的財富較多，還是較少呢？

關於這些問題，據命理學家的瞭解，已然清楚的寫在你的命盤上了，你若能解讀它，你就會知道自己此生到底有多少財富。

關於『偏財運』所帶來的財富，它並不是額外的錢財，它也是你本命中的財富，只不過上蒼以不同的方式給你罷了。它以一種完全戲劇化的方式讓你得到財富，在每個固定的時間裡爆發歡樂的種子，給你的人生帶來無盡的欣喜！

若是你太過熱切於『偏財運』，攫取太過的話，那是會損及壽命的長短的。世界上一切自有定數，過與不及都是不好的。

第十節　偏財運有強有弱

偏財運是要靠貪狼和武曲、火星、鈴星這些星相碰、相撞擊，才會擦出火花，而有偏財運的。偏財運火花的大小，也要看這些星曜本身的旺度而定，星曜居旺時，偏財運較大，也爆發的速度快。星曜居陷時，偏財運爆發的財較小，也速度略慢。

偏財運之星曜還有下述一些特點：

*火星、鈴星在寅、午、戌宮最旺，爆發運最強。爆發『偏財運』的機會速度較快，爆發財運的數目也較多較大。

*火星、鈴星在卯、未宮次旺，偏運次旺。巳、丑、酉為弱地，偏運再次。

如何算出你的偏財運

*火星、鈴星在申、子、辰宮為陷地，偏運最差。

*廉貞、貪狼在巳、亥宮，雖有火鈴相伴，亦是偏財運少。

*紫微、貪狼在卯、酉宮，桃花太重，雖有火鈴相伴，應防洩財，也會有慢發、不發的狀況發生。

*武曲、貪狼在辰、戌宮，較喜爆發『偏運』，『偏財』次之。

*爆發『偏財運』的程度在『偏財』的部分，所預計爆發的是一個大約的數值，讀者可以預估自己『偏財運』爆發財力的最高點。

*爆發『偏運』的程度，要依整個命盤中各宮的配置綜合的來預估為準，亦要觀看八字中帶財的多寡及福德宮、官祿宮、僕役宮……等等輔助之宮的強弱而定，故只以強弱來標示。

『偏財運』的強弱之分，我們姑且把它規劃成十個等級給讀者參考。

級　　數	爆發偏財的數目（大約單位元）	爆發偏運的程度
第一級	數千萬～數十億	最強
第二級	數千萬以上	強
第三級	數百萬～數千萬	強
第四級	數百萬以上	強
第五級	較低的數百萬	次強
第六級	百萬元左右	次強
第七級	數十萬至百萬	尚強
第八級	數十萬左右	稍弱
第九級	數萬～數十萬	弱
第十級	也可至數十萬～數萬	弱

法雲居士⊙著

『紫微姓名學』是一本有別於坊間出版之姓名學的書，
我們常發覺有很多人的長相和名字不合，
因此讓人印象不深刻，
也有人的名字意義不雅或太輕浮，以致影響了旺運和官運，
以紫微命格為主體所選用的名字，
是最能貼切人的個性和精神的好名字，
當然會使人印象深刻，也最能增加旺運和財運了。
『姓名』是一個人一生中重要的符號和標幟，
也表達了這個人的精神和內心的想望，
為人父母為子女取名字時，就不能不重視這個訊息的傳遞。

法雲居士以紫微命格的觀點為你詳解『姓名學』中，
必須注意的事項，助你找到最適合、助運、旺運的好名字。

第三章

創造未來——幸運的時刻就在眼前

✿✿✿✿✿

搜集『幸運情報資訊』是你爆發偏財運的第一步，上帝只會把好運送給『勤勞』的人。

這是我們今生最大的課題！

你的財要怎麼賺

這是一本教你如何看到自己財路的書。
人活在世界上就是來求財的！
財能養命，也會支配所有人的人生起伏和經歷。
心裡窮困的人，是看不到財路的。
你的財要怎麼賺？人生的路要怎麼走？
完全在於自己的人生架構和領會之中，
法雲居士利用紫微命理為你解開了這個
人類命運的方程式，
劈荊斬棘，為您顯現出你面前的財路，
你的財要怎麼賺？
盡在其中！

第三章　創造未來——幸運的時刻就在眼前

第一節　如何算出『偏財運』的步驟

要算出『偏財運』的步驟，必須對自己的運程充份瞭解，通盤掌握。

此刻的你，一定是非常興奮的急於要知道：怎樣來算出自己『偏財運』的準確時間了吧！

如何算出你的偏財運

別急！別急！

要算出自己的『偏財運』爆發點，就必須對自己的命盤，和命理的運程有通盤的瞭解，這樣才會有充份的把握，算得準！

要算出『偏財運』的方法有很多種，現在教你比較簡單的方法！只要一步一步的前進，答案就在這裡！

第一步：查看『運命周期表』，找出你生命中有變化異動的年齡。

第二步：找出紫微命盤上，你的『偏財運格』所屬的宮位，此宮位的干支也正是『偏財運』發生之年支。例如你是『紫微在寅』或『紫微在申』命盤格式的人，則你是辰戌『武貪格』，要看辰、戌宮兩宮位的格局是否有破格存在，以確定偏財運是否完整。

第三步：核對並找出『偏財運』發生之年支，與『運命周期表』裡有變化的年齡中之相同年齡。由此可知爆發『偏財運』之年齡。

第四步：找出屬於自己的幸運數字。

第五步：找出屬於自己『八字喜用神』的大運運行方向。

第六步：找出屬於自己的『偏財運』爆發日子的干支。

第七步：精算出流年和流月，是否逢到『武貪格』、『火貪格』、『鈴貪格』的宮位，逢到時，數數看是初幾日？那一日就是最後的答案。

下面章節繼續為你作詳細的說明。

第二節　你的『幸運周期表』

現在在此地提供你的『幸運周期表』有兩種。一種是你的紫微斗數的命盤。另一種則是英國占星學者基洛（CHEIRO）的占測命運的周期法。這兩種偵測命運的周期表都是非常準確的。尤其是在你精心研究過自己的爆發年限後，你會驚訝的發現：在你紫微命盤上爆發『偏財運』的年份，也會出現在基洛周期表容易爆發事故的年歲上，如此讓你掌握得更是一絲不差！

前面已經談過紫微『偏財運』的命盤格局，現在告訴你占測命運的周期法。

基洛周期法其實也是從中國古老的相法命學中演變出來的。它是以國曆西元的曆法為主，根據出生時的日子將它劃分成九個系數。就是從『1』到『9』的系數。

例如：五日生的人，其系數為『5』，十日生的人其系數為『1』，三十一日生的人，其系數為『3』＋『1』＝4，二十三日生的人，其系數為『2』＋『3』＝5……以此類推。

由下列的簡易表中也可找出你生日的系數。

如何算出你的偏財運

依據生日推算的系數表									
系數	1	2	3	4	5	6	7	8	9
出生日期	1 10 19 28	2 11 20 29	3 12 21 30	4 13 22 31	5 14 23	6 15 24	7 16 25	8 17 26	9 18 27

※29 日生的人，你的周期系數可算是 1，也可算是 2，大致是生於上半年的人算是 1，生於下半年的人，算是2。

運命周期表

運命周期表									
系數	1	2	3	4	5	6	7	8	9
容易發生事故或好運的年齡【以足歲算】	7 10 16 19 24 28 34 37 43 46 52 55 61 70	7 11 16 20 23 25 29 34 38 47 52 56 62 70	3 12 21 30 39 48 57 63 66 75 84 93	4 10 13 19 22 28 31 37 40 46 49 55 58 64 67 73	5 14 23 32 41 50 59 68 77	6 15 24 28 33 39 42 51 60 69 78 87	2 7 11 16 20 25 29 34 38 43 47 52 56 61 65 70 74 79	8 17 26 3 44 53 62 71 80	9 18 24 27 36 45 54 63 72 81
高度準確率的月份	1 7 8	1 7 8	2 12	1 7 8	6 9	1 5 10	1 7 8	1 2 7 8	4 10 11

▽如何算出你的偏財運

在『運命周期表』中所列的年齡全都是在人生中易於發生變化的年齡。當然這些變化有些是屬於好的，有些是屬於惡劣的變化。因此你不但可利用『運命周期表』偵測你『偏財運』的高潮點，也可以利用它來預測事故發生的年齡及月份，做好預先防範的心理準備，以期趨吉避凶。

第三節　如何運用『運命周期表』和『紫微命盤』找出你生命中『偏財運』最強的高潮點

前面說過『運命周期表』中包含了所有事故機率的年齡。有好運道也有惡運道的年齡。我們雖然從紫微命盤上一眼就可看出『偏財運』的高潮點，但是我還是要證明給你看，在西洋命理上以基洛的『運命周期表』上亦有穩合之處！

你若是對紫微不熟，亦可用此法來找出自己運程爆發的最高點。

現在用長榮海運集團的首腦張榮發先生命盤為例。

名人實例：

張榮發先生是太陰化祿、文昌坐命的人，生在丑時。太陰居酉宮廟旺之鄉，又生在夜間為貴。有化祿、文昌同宮，為人精明幹練，一生快樂。對宮遷移宮是天同化權，在外凡事都是福星高照，又能掌握主導權。三方會照財帛宮之太陽星，財多遂意。命宮又有紫微、天府、貪狼、火星相夾，『偏財運』每逢六年發一次。

張榮發先生的武曲在辰宮，貪狼、火星在戌宮相互對照，這是極強的雙重『偏財運』格，我們可以看到他在五十五歲至六十四歲的大運中是運勢極強的『偏財運』。

我們從命盤中也可算出張榮發『偏財運』的年齡有六歲、十二歲、十八歲、二十四歲、三十歲、三十六歲、四十二歲、四十八歲、五十四歲、六十歲、六十六歲、七十二歲、七十八歲、八十四歲。

張榮發先生命造

財帛宮	子女宮	夫妻宮	兄弟宮
太陽 文曲 天刑 陀羅 45－54 乙巳	破軍 祿存 35－44 丙午	天機化科 擎羊 25－34 丁未	紫微 天府 天馬 15－24 戊申
疾厄宮 武曲 55－64 甲辰	民國16年10月6日 陰男 土五局		命宮 太陰化祿 文昌 天姚 天鉞 5－14 己酉
遷移宮 天同化權 65－74 癸卯			父母宮 貪狼 火星 庚戌
僕役宮 七殺 右弼 75－84 壬寅	官祿宮 天梁 癸丑	田宅宮 廉貞 天相 左輔 壬子	福德宮 巨門化忌 鈴星 天魁 辛亥

張榮發先生是十月六日生，其系數是六。

我們可以很清楚的發現在『運命周期表』上與他『偏財運』發的年齡上，相同的有六歲、二十四歲、四十二歲、六十歲、七十八歲。而六十歲又在張先生的『偏財運大運』之中，由此我們可知六十歲是張榮發先生一生中命運的『高潮點』。

在張榮發六十歲時，時值民國七十六年，協助李登輝總統穩定政權，同時再發展長榮航空，一舉將他的事業從海上推上了天空，成為航運業的一代霸主。

第四節　屬於你的『幸運數字』

屬於你的『幸運數字』俯拾皆是！

屬於你的『幸運數字』，其實我們在日常生活中，俯拾即是。例如你的住所地址：多少巷？多少號？你的電話號碼數字，上學時的座號、學號，你的汽、機車車牌號碼，身份證、學生證、以及其他證件的號碼。

你會發現有某些數字，個位的、十位的數字，例如2呀，5呀，13呀，一再重覆的出現，你會漸漸地發現，這些數字，不但跟你有緣，而且是如影隨形一般跟隨著你。

如何算出你的偏財運

在我命理課程班上的一位同學，經我上課時談過這個問題後，他驚訝地發覺他和292這個數字特別有緣！不但他先前住過兩間房子的地址、門牌號碼都是292，以目前來說，就連他出門所搭乘的公車，也是292號公車。即使是他的身份證字號的尾端，亦是292。因此他深信冥冥中上蒼的確已賜與他292這個幸運數字了！

另一位姜姓朋友，他在運命周期表上的系數是5，而他以523這個數字中統一發票，不勝枚舉。這個數字就是5和23的合體數字，因此他也相信5和23是他命運裡的吉祥數字。

這些實例在你的周圍比比皆是，若你是簽牌的常客，你當然更能親身體會這些數字所帶給你的奧祕玄機。

據某些簽牌的朋友告訴我說，他們經常問神，或是冥想，或是看看香灰上所顯示類似數字的圖案。

如何算出你的偏財運

有些朋友則是從夢中得到數字，但是夢也不是天天要作就有的。也有人扶乩問卦，這些都是屬於概率的問題，其實現代人用統計學的方法比較上更能掌握『幸運數字』的準確率。

你若是進出股票或做期貨的朋友，這些跟你有緣的奇異數字，表面上好像對你沒有什麼用處，但是當你靜下心來統計一下，你在每月幾號所買的股票、期貨比較容易賺錢？而你常愛買的那支股票或那口物品的期貨的代號是什麼？若那些代號中的數字又正逢是跟你有緣的數字時，你是不是會拍案叫絕？撫案而笑呢？

至於根本不喜歡沾『偏財』的朋友們，幸運數字在你發好運的年份與月份上也佔了重要的位置，你怎能不用心瞭解它呢？

你可以參照運命周期表和生日系數上的數字，然後你會驚訝地發現，和你有緣的數字，也驚然在座。

第五節　搜集利於你的『幸運情報資訊』

談到『搜集情報資訊』，就好像要教你做間諜了一樣。其實不然！在現代人的生活中，不論你此刻在為事業競爭作打拼，或是作學生在讀書，以求知識的獲得，不論那一種，都須要情報資訊來傳遞流通。何況我們更希望得到『幸運』的情報資訊。

智慧是『偏財運』的起點。情報資訊是『智慧』的起點。

以前農業時代，人們渴望有個好運——『偏財運』時，只能『順應天』的變化。那個時候是個『順天應人』的時代，要靠別人。

現在時代變了，如今的時代是個工業文明的時代，也是個『掌握科技』的時代，是個資訊爆炸的時代！

正確的幸運資訊與知識就能替你創造機會、創造財富！

如何利用『幸運資訊』來為我們創造更多的好運——『偏財運』呢？

這就從要從『求財』和『求運』兩個方面來講。

求財方面：

我們要用盡一切的方法，去尋找和『偏財運』有關的資料訊息。那怕是夢中隱現的數字，或是腦中電光火石般閃現的念頭也好，都要隨時作個記錄，記載在你的記事本中以作參考。

如何算出你的偏財運

我們常看到『股票族』的朋友們，對於每天股價指數的升降都很注意，漲跌都作成分析報告。作期貨的朋友們，作這一類的分析報告更是敬業密實。簽牌的朋友們，人手一張『明牌報』，更是不遺餘力的加以計算。看起來大家都懂得資訊的重要了。

現在我要提醒大家的是：除了這些你更要觀察『運氣』的資訊。

『運氣』的資訊藏在你的命盤當中，你要好好的研讀它。在第二章『偏財運』的格局中，找出你擁有的格局來，把『偏財運』所屬的年和月算出來，再記下來，這就是你運氣的資訊。

現在再要提及的是：真正創造財富的，是真正成功的新觀念！而真正成功富有的因素是：『天時、地利、人和。』這三個重要的關鍵。

這三個重要的關鍵，現在更要解讀為：智慧、資訊、善緣。

天時——智慧
地利——資訊
人和——善緣

『天時』即是上天賦予的智慧，『地利』就是資訊的傳送獲得，『人和』即是善緣。

善緣就是『運氣』的資訊。善緣不須要等待，你可以自己去結緣。

首先打開每個人都擁有的，通往宇宙之門的『寶藏圖』，圖上也有清楚的顯示，何時是吉運的時刻？那就是你結善緣最佳時間的座標。

如何算出你的偏財運

等到你一切都準備就緒，三個關鑑都打通了，你就可以開始做股票、期貨的『順風耳』、『千里眼』了。

作股票、期貨的人，可以選財運好的月份、日子大進大出的作幾筆。沒有財運的日子少做或不做，若有破財的日子根本不做。如此一來，損失一定很少，這才是真正的賺錢。

簽牌的朋友，選財運佳的月份及偏財干支強的日子多簽。其他的日子少簽，破財的日子不簽。如此一來，損龜的時候就減少了！

在此先向作『組頭』的老闆們致歉！因為這本教人『如何算出你的偏財運』的書上市，而造成你們經濟上的損失，實感抱歉！不過呢！你若也能好好研究你的『偏財運』命格，仔細的研讀這本書，你一定能得到更高的財富，這一點是絕對肯定的！

如果你只想做個普通人，既不作股票也不簽牌，也就是說，你不想作太大的投資，而你又是這個『偏財運』極強的人。那你要多打聽一些美國樂透獎。英國、西班牙、瑞典、挪威、香港、中國大陸、新加坡等地都有大獎。甚至是世界上其他的國家或是小國的彩券都可以，你可以趁旅遊之便，又湊合上發運的時間，前去大撈一筆。

此外，拉斯維加的賭城，吃角子老虎的遊戲機，也適合你去撞撞運氣，據說頭獎是累積的，約莫五千萬美金，若是你搖中了，賭場會分二十五年發給你獎金，如此這般，你就只須保住你的小命等著領錢就好了！

求運方面：

你若是個不喜發橫財的人，你須要的只是『機運』。前面所述

如何算出你的偏財運

觀察『運氣』的資訊，對你來說就尤其重要了！『偏運』所爆發的年份、月份一定要算得精準！

此外，成功的要素：『天時、地利、人和』『智慧、資訊、善緣』更尤其重要，少一點而不能成事。

而在求運部份的成功要素的幾個關鍵，其排列組合卻是要反過來排的。就是首先要作的步驟是『人和』，也就是『結善緣』。『結善緣』就是尋找貴人。『求運』的人，找尋『貴人』是很重要的一環，甚至是比『求財』的人重要得多。因為你需要升官、需要發展事業，都是需要『人』的幫助。

有了『善緣』再結合『順風耳』、『千里眼』的功能，獲得那裡有好運道的資訊，等到時候到時，你自然就有智慧去觸碰發運的先機，而讓奇運將自己載至最高點。

第六節　連結智囊團網路

『螞蟻雄兵』的旺氣

在股市裡，曾有『股友社』集合散股、小股的力量，發揮『螞蟻雄兵』的威力，一股作氣把股市指數推向高點。這就是『團隊精神』的顯現！所以『團隊精神』也就是一種『人氣』。而所謂的『人氣』呢？其實就是我們命理學上所稱的『旺氣』。

又例如：在社會上一些團體，如青商會、扶輪社之類的組織，為什麼很多人都爭相入會入社？就是這種『人氣』、『旺氣』的影響，把整個團體的運勢帶向『高潮』。讓人人以入會入社感到光榮驕傲！這些團體給社會經濟也帶來很大的貢獻。

如何算出你的偏財運

連結『人氣』的另一個例子就是：

快過年的時候，我在一個社區裡，為那裡的朋友批流年。看到有一些人在算帳，後來他們告訴我：他們有二十幾家人組成一個小團體，一起簽牌，費用平均分攤，中到的獎金也均分。

我想到：這倒是一個挺不錯的辦法！既然大家都喜歡中獎的喜悅，又可發揮『團隊精神』躲避風險，把風險均攤，真是不錯！

可是他們卻告訴我，成績卻不如預期的好！大家非常喪氣。並且問我，有什麼辦法可以多中一點？

於是我想到了一些問題。在這二十幾家人當中，到底有多少人是有『偏財運』的？倘若在這些作主提供號碼的人當中，有『偏財運』的人少的話，中獎的機會也就不多了。

此外，『偏財運』的問題還牽扯著『時間』的問題，也就是

『爆發點』的問題。

二十幾家人中有夫妻一同玩的，也有太太一人參加的，加起來差不多有三十人之譜。倘若在同一個月中有五、六人有『偏財運』，就由這五、六人來簽號碼。若只有一、二人有『偏財運』時，就由這一、二人來簽。命中率較大。當然，其他的人要簽，也沒什麼不可以，只是命中率小而已。

在次一個中獎日，社區裡簽牌的人，每人分得二萬元。他們非常高興，因為這是他們連續五個月之久後最大的收獲了！他們要求我繼續作他們的顧問。我告訴他們：『這是不可以的！因為從事命理的人，定要顧及生態的平衡及公平性，是不可違反自然法則的。因此，我只可教你們方法，而不可越俎代庖的，幫你們簽牌的。』

但是這個團體在一個月後很快的結束了。

如何算出你的偏財運

因為有些人在知道自己有『偏財運』之後，認為別人都是沾自己的光，心裡不平衡，紛紛退出，所以這個團體很快的解散了。

在我看來，這種『沾光』的想法是非常可笑的！

一個人的運氣只要他活著是用之不竭的。運氣是循環流動運行的，有高的時候，也有低的時候。有旺的時候，也有弱的時候。一年之中有『旺運』的月份，也有『弱運』的月份。一個月中甚至一天中，也有旺弱之分。

在你弱運時，你沾了別人的『旺運』。在你旺運時也與別人共享，互補所長，豈不是天天都有『旺運』？

倘若存著自私的想法，不願讓別人沾光，自己也只有辛苦的等待到『旺運』的時刻來臨了。

何況，沒有『偏財運』格的人，並不表示沒有財運，他們是以

『正財』為主。『正財』運強的人，也能助旺擁有『偏財運』的人，所以這是個『互蒙其利』的關係。

雖然如此，我覺得他們結合這個『團隊精神』是很好的，眾志成城之下，集眾多人的『運氣』，成功的機會較多也會較大。

在現在這個科技發達的時代，只有『團隊精神』仍是不夠。一個團體也有團體的『氣運』，團體的『氣運』是由全體團員所組成的。若是團員中旺運者多，自然帶動『團運』也會旺，若是衰運的人多，『團運』也會萎靡不振，甚至會解散了。

結合『旺運』的網路

你有沒有想過，如何利用科技來連結『旺運』，形成一個『旺運』的網路？也許你非常驚訝這樣的構想，但是這是有可能的！只要利用電腦、電話、傳真立刻可以網路連線，將一些志同道合的人，無遠弗屆的串聯了起來。

我們可以在這些人脈網路裡，傳遞世界上各國正當合法的彩券中獎的資訊，讓一些擁有『偏財運』，而又循規蹈矩的人有發財的機會。連絡在同一個月份中有『偏財運』的人，一同前往尋寶。

也可以以網路交換增進『旺運』或工作上的心得，你幫我，我幫你的，相互扶持，增進商機。把寶島台灣的『旺運』整個的提昇起來，創造一個空前旺盛的時代！那台灣的前途還有什麼可疑慮的呢？

第四章

集中火力——對準真正的引爆點

※※※

幸運的日子每個月都有三、四個之多，哪一個是真正的引爆點，讓我們用心來算一下！

第四章 集中火力——對準真正的引爆點

第一節 利於『偏財運』的方位

後面的表格列出以出生年份規劃而來的『偏財運』方位給讀者參看，不管你是以發『偏財』或是發『偏運』為主，這個『偏財運』的方位對你來說都是有利的，它讓你做事輕鬆，輕而易舉。對於『財運』的爆發更有助長之功。

命格	出生年份（民國）男	出生年份（民國）女	偏財方位
坎卦命	16 25 34 43 52 61 70 79	21 30 39 48 57 66 75 84	東北方
坤卦命	15 21 24 30 33 39 48 51 57 60 66 69 75	13 22 31 40 49 58 67 76 85	東北方
震卦命	14 23 32 41 50 59 68 77	14 23 32 41 50 59 68 77	西北方
巽卦命	22 31 40 49 58 67 76 85	24 33 42 51 60 69 78 87	東南方
乾卦命	20 29 38 47 56 65 74 83	26 35 44 53 62 71 80	東方
兌卦命	19 28 37 46 55 64 73 82	18 27 36 45 54 63 72 81	南方
艮卦命	27 36 45 54 63 72 81	34 37 43 46 52 55 61 64 70 73 79 82	西方
離卦命	17 26 35 44 53 62 71 80	20 29 38 47 56 65 74 83	北方

以求財方位和居住方位來找偏財運

在你得知自己『偏財運』的方位後，可以你目前所居住的地點為中心，比如：你現在居住在台灣，而你『偏財運』的方位在東北方，台灣的東北方為日本、韓國。那你在『偏財運』爆發的年份、月份前往，必然有很大的機會。若你的『偏財運』方位在南方，你就要在『偏財運』爆發的年份、月份前往新加坡、馬來西亞等南方的國家，對你有無限的好運。

如果是事務纏身環境不容許你出國，那你就以你所住的地點，找出你的『偏財運』方位，作近距離的移動。例如：你住在台北市，『偏財運』的方位是正南方，在你發運的年份、月份裡，你可以到高雄去。若是簽牌的人就到高雄去簽，若是做股票的人就到高雄去操作買賣，必定大有斬獲，其利潤要比在台北做時高得多。

再若是連南部你也去不了，你只有選在台北市的南方或是南區去尋找財運了。

以善用神的求財方位為更準確及財運旺的方位

上述是以卦位為吉方的旺運方位。也是以年命為基準的方位。但是在某些人的命格中，會有喜用神方位和年命方位、卦命方位相反的情形。如此一來，很可能用年命方位或卦命方位反倒對自己不利了，因此凡論命，皆是以喜用神之方位為對自己最有利，也才能補自己的旺氣。

第二節　以八字『喜用神』為主的大運行運方向

＊喜用神：即命理格局中或缺水，或缺火，或缺木，以所缺少的五行元素，來扶助本命，達成行運順利、身強財旺、富貴顯達之重要關鍵性的五行元素稱之。

喜用神為『甲木』者——運行東方，東方為你最旺之地。

喜用神為『乙木』者——運行東方，東方為你最旺之地。

喜用神為『木火』者——運行東南，東南方為你最旺之地。

喜用神為『丙火』者——運行南方，南方為你最旺之地。

▽如何算出你的偏財運

喜用神為『丁火』者——運行南方，南方為你最旺之地。

喜用神為『戊土』者——運行中土，中部、南部為你最旺之地。

喜用神為『己土』者——運行中土，中部、南部為你最旺之地。

喜用神為『火土』者——運行南方，南方為你最旺之地。

喜用神為『庚金』者——運行西方，西方為你最旺之地。

喜用神為『辛金』者——運行西方，西方為你最旺之地。

喜用神為『金水』者——運行西北，西北方為你最旺之地。

喜用神為『壬水』者——運行北方，北方為你最旺之地。

喜用神為『癸水』者——運行北方，北方為你最旺之地。

為什麼我們前面已經提到了『偏財運』的方位，而這裡又要再提八字『喜用神』的行運方向呢？

因為各位可以看到的是：在前面的一個表格中有許多的年齡數字，因此這些年齡數字所代表的方向，只是一種概括的統計而已，你真正的運途和有利方位還是要以『喜用神』為主來斷定的。所以瞭解大運運行的方向，使你更能掌握自己的命運！

第三節　利於爆發『偏財運』的日子干支

方法：在我們知道自己的喜用神和大運行運方向之後，再在下列的表中尋找屬於自己『偏財運』極強的爆發年份與日子的干支。

大運所在之處	偏財運的干支
東方運	甲寅、乙卯。
東南運	丙戌、丁亥。
南方運	丙午、丁未。
西南運	丙申、丁酉。
西方運	庚申、辛酉、庚寅。
西北運	庚子、辛丑、壬申。
北方運	壬子、癸丑。
東北運	壬寅、癸卯。

例如：喜用神是甲木或乙木的人，你是行運東方運的人，你若大運再逢甲寅、乙卯運。最強『偏財運』的日子就是甲寅日、乙卯日。喜用神是丙火、丁火的人，你是行南方火運的人，你若大運再逢丙午、丁未運、『偏財運』最強的日子就是丙午日、丁未日。（這是以八字大運來看的運程）在你行大運的年份裡，是你一生中最燦爛的時光。官運、錢財多有所得，事業也會作得有聲有色，這是你一生中時運的高潮點。

＊『偏財運』的年份和日子干支是可以在你的紫微命盤中找到的，你更可發現這些運道極強的年干支、日干支、如甲寅、乙卯或庚子、辛丑所坐落的這一宮也是你命盤中最強的一宮。

▽ 如何算出你的偏財運

＊在大運行運的年份裡，若又是逢到『偏財運』的干支日，所爆發之『偏財運』最強！

＊若在平常的年份中，你也可以找出『偏財運』較強的流月月份，再在農民曆上找出屬於自己的『偏財運』干支日。這些日子也是會有一些『偏財運』的，只是其強度不如大運年所發生之『偏財運』強。

舉例說明：

若是你在自己的命盤中，找到5月是『火貪格』的格局會有偏財，5月就是「偏財月」。而你走得是南方運，其『偏財運』的日子，就是丙午、丁未日。

實際上，你只須在五月中的丙午、丁未日會爆發極大的偏財運，這幾個日子上來作投資，是不會發生虛無多餘的浪費的！而其他偏財運的日子所作的投資，縱然有所得，是概率多寡的問題，不會有那麼大之偏財運。例如你的喜用神是火的人，紫微命盤中『武貪格』的流日，適逢壬子日，也會爆發，但就不會爆發如丙午日來得大又多。

倘若你不放心，再教你另一個方法：

第四節　如何由紫微命盤上算出『偏財運』爆發的日子

在你求得上述的『偏財運』的干支日後，你還可以在紫微命盤上數一數。看你『偏財運』的格局在哪一宮，例如『武貪在丑』的人，就以『丑宮』為主。看看在今年的流月中，『丑宮』是屬於幾月？若是屬5月，你就知道5月是有『偏財運』的。

要知道是正確的初幾日？很簡單！就由『丑宮』作初一，順時針方向作初一、初二、初三，如此這樣的數下去……。

因為丑、未宮為對照，都會有『偏財運』的機率。也因此我們可以得到初一、初七、十三、十九、二十五、三十一日，這六日是有『偏財運』的。以初一、十三、二十五日為最強。

接下來再看看這六日中的干支，有哪一日的干支是與你『偏財運』的干支日相重合的，由此，你就更能清楚的確定這一天是會大發『偏財運』了！再看那一日的年支是否和你的喜用神相同（和喜用神相同）那偏財運就會更大了。

＊流月、流日的算法，請參考《三分鐘算出紫微斗數》一書。

實例說明：

友人黃亦輔先生本是不信命理的，常與我玩笑嘲弄命理之說。他更是不信『偏財運』可以算得出來，他與筆者打賭，賭一場飯局。

黃先生命盤

父母宮	福德宮	田宅宮	官祿宮
太陽化權 天姚 癸巳	破軍 文曲化科 右弼 甲午	天機 乙未	紫微 天府 文昌化忌 左輔 陀羅 丙申
命宮 武曲 壬辰	陰男		僕役宮 太陰 祿存 丁酉
兄弟宮 天同 辛卯	水二局		遷移宮 貪狼 擎羊 月一 戊戌
夫妻宮 七殺 天鉞 庚寅	子女宮 天梁 辛丑	財帛宮 廉貞 天相 鈴星 庚子	疾厄宮 巨門化祿 火星 己亥

我從他的紫微命盤上發覺他也是有『偏財運格』的人，隨即以他的命盤為例，並找出他在今年子年農曆正月就有『偏財運』。

黃先生走得是金水運，也就是庚子、辛丑運。並以庚子、辛丑、壬申日為『偏財運』的日干支。於是在今年（85）年國曆3月5日，農曆為正月十六日，由黃先生向鄰居簽牌。

當日晚間吃過晚飯，七點多鐘的時候，接獲黃先生的電話，得知他簽中獲得獎金三十多萬元。至此，我家的電話接連不斷，無法休息。

當時也讓我吃驚的是，本來我的初衷只是以玩笑的方式證明紫微斗數的精確性。沒想到黃先生真的下了大注來玩。

常有人問我：「你自己這麼會算，為什麼不替自己多算算，那不是早都發財了嗎？何須再為人算命呢？」

關於這個問題，我有一番看法，在後面的一節中將會談到。

第五節　利於偏財運爆發的時辰

所謂『偏財運』容易爆發的時辰，也是以『偏財運』的格局來定的。其格局在『子午宮』的時候，不是『火貪』相照，就是同宮，因此在時辰上，屬於子時的夜間十一時至半夜的一點鐘之間，和屬於午時的中午十一時至下午一點鐘之間，就是『偏財運』最強的時辰了！

又例如：在丑、未宮的時候，不是武、貪、火、鈴、相照，就是同宮。因此在時辰上屬於清辰一點至三點之間，和下午的一點至三點之間的時間，就是『偏財運』最強的時辰了！以此類推……。

由下列的表格中，你也可找出你『偏財運』的宮位，及有利於你的爆發時辰。

偏財運格所在的宮位	偏財運易爆發的時間
子　午　宮 子時、午時	自夜間的十一時至另一日清晨的一時之間和中午十一時至下午一時之間
丑　未　宮 丑時、未時	自清晨一時至清晨三時之間，和下午一時至下午三時之間。
寅　申　宮 寅時、申時	自清晨三時至清晨五時之間，和下午三時至下午五時之間。
卯　酉　宮 卯時、酉時	自早上五時至早上七時之間，和下午五時至晚上七時之間。
辰　戌　宮 辰時、戌時	自早上七時至早上九時之間，和下午七時至晚上九時之間。
巳　亥　宮 巳時、亥時	自早上九時至中午十一時之間，和晚上九時至晚上十一時之間。

第六節　利用九星『方位學』助長『偏財運』的方法

命運學上有許多幫助財運的方法，其中『方位』也是一門學問。古代的帝王就很重『方位』，並以此『方位學』來作為『帝王之學』，秦始皇就特重此學，中國歷代的聖主與中興之主都重視於此，也因此『方位學』也可稱為『霸王之學。』。

今天身為現代人的我們也可以利用『方位學』來幫助我們增進自己的氣運，以達通財旺氣的佳境。

所謂的『方位學』是以九星運行的軌跡，在東、南、西、北、東北、東南、西南、西北等八個方位移動，再根據『五行』金、木、水、火、土的『氣』來運行發揮作用的。

要怎樣找出自己的吉方位？和利於『偏財運』的方法呢？

首先在表格中（圖一）找出自己的本命年，也就是自己的本命星。

九星（本命）表（圖一）　　西元年份

一白水星	1909	1918	1927	1936	1945	1954
二黑土星	1908	1917	1926	1935	1944	1953
三碧木星	1907	1916	1925	1934	1943	1952
四綠木星	1915	1924	1933	1942	1951	1960
五黃土星	1914	1923	1932	1941	1950	1959
六白金星	1913	1922	1931	1940	1949	1958
七赤金星	1912	1921	1930	1939	1948	1957
八白土星	1911	1920	1929	1938	1947	1956
九紫火星	1968	1919	1928	1937	1946	1955

一白水星	1963	1972	1981	1990	1999	2008
二黑土星	1962	1971	1980	1989	1998	2007
三碧木星	1961	1970	1979	1988	1997	2006
四綠木星	1969	1978	1987	1996	2005	2014
五黃土星	1968	1977	1986	1995	2004	2013
六白金星	1937	1976	1985	1994	2003	2012
七赤金星	1966	1975	1984	1993	2002	2011
八白土星	1965	1974	1983	1992	2001	2010
九紫火星	1964	1973	1982	1991	2000	2009

九星屬性（圖二）

九星	一白	二黑	三碧	四綠	五黃	六白	七赤	八白	九紫
性質	水性	土性	木性	木性	土性	金性	金性	土性	火性

九星盾行圖（圖三）

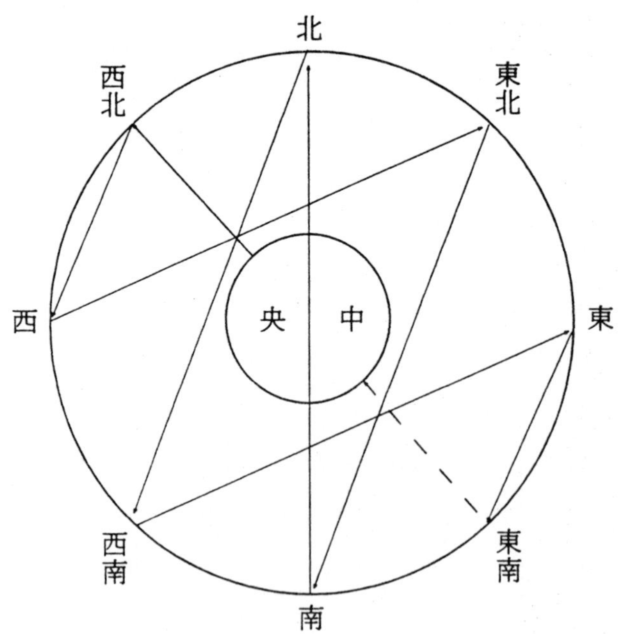

以下是二〇〇三年至二〇〇七年的九星圖，供讀者參考運用。

（圖四）

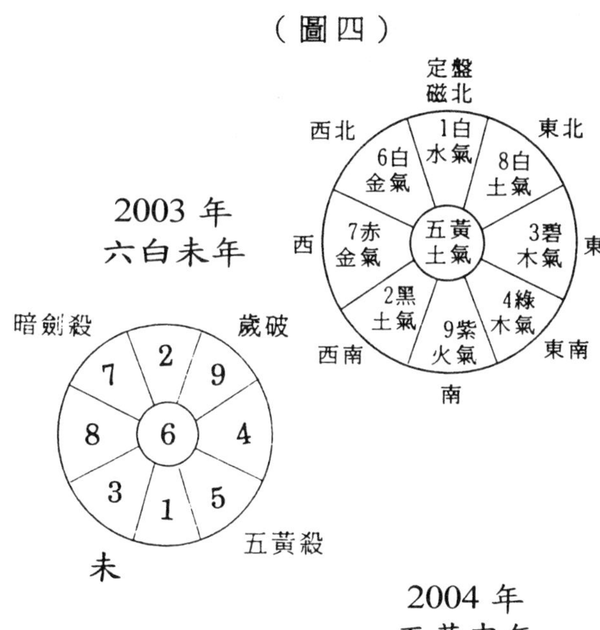

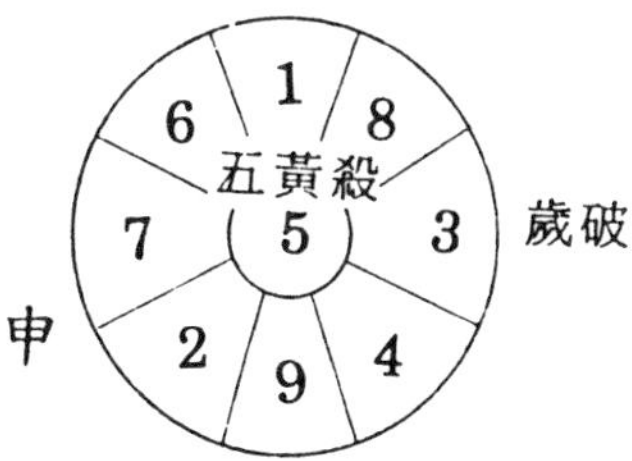

如何算出你的偏財運

2005 年
四綠酉年

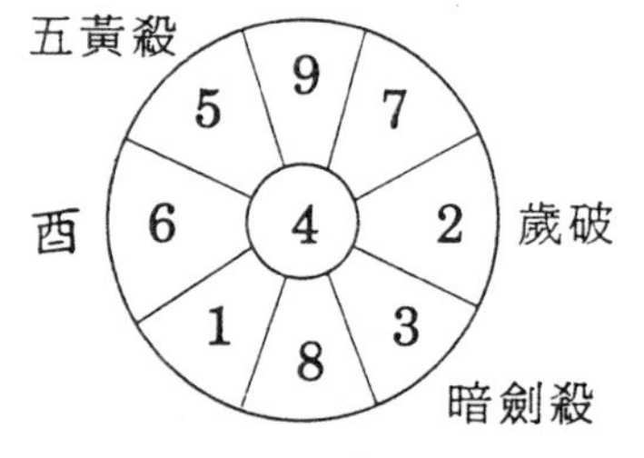

2007 年
二黑亥年
亥

五黃殺
7
3
5
4
2
9
8
6
1
暗劍殺
歲破

2006 年
三碧戌年

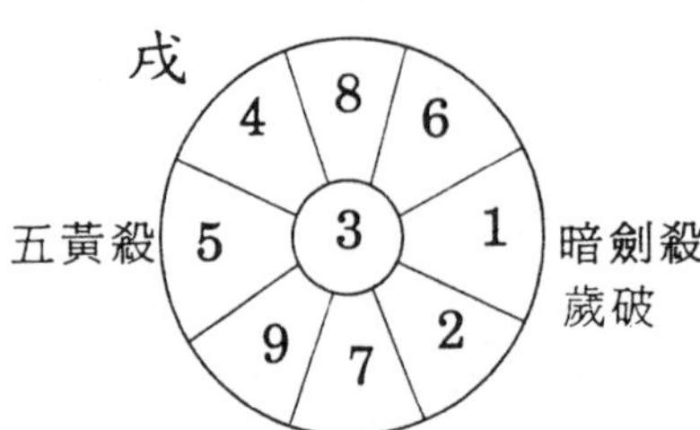

再在要看的年份九星圖上找出五黃土星的方位，這就是五黃殺的凶方，它的對面也算是相反方向的地方，就是暗劍殺的方位。歲破的算法就是以當年的年支相隔六位之處為歲破，如子年的歲破在午宮，午是南方，故其方在南。丑年的歲破在未宮，未在方位上是西南，故丑年歲破在西南。以此類推……。

例如：若你是一九六〇年生的人，你的本命星是四綠木星。你在二〇〇三年的運氣是這樣的。二〇〇三年是六白未年，請看圖表（圖六）處，於五黃凶方是東南方，處於七赤金星的西北方是暗劍殺。處於三碧木星的西南方是歲破，故這三個方位即東南、西北、西南方都是凶方不吉。而六白金星處於中間是本命殺的方位也不好，要小心！

吉方只有九紫星所在的東北方、四綠木星所在的東方、一白水星所在的南方、八白土星所在的西方。而以東北方是代表積極開拓金錢運的方位，這也是我們俗稱『偏財』的方位。

※東北方和西北方皆為偏財方。

東北方又稱『鬼門』，善用『鬼門』方位，固然可以使你獲得極大的財富或權利，但也必須注意的是：這個『財』較不長久，因此你必須要考慮到因應的措施。比方說將『財』藏到比較隱秘保險的地方，或是信賴的家人銀行戶頭裡，以防『暴起暴落』時，財產將會煙消雲滅無影無蹤。

2003年
六白未年

如何算出你的偏財運

第七節　當『方位』是吉方時所代表的意義

各方位為吉方時，所代表之意義

（東　方）：此為三碧木星之方位，屬於卯位，其性屬木。是太陽出來的地方，當東方為吉方時，你可以利用此方快速的開拓新事務，也可以在此方增進學業。此方是利於學術研究，發展名聲的好方位，也可增加幹勁。

（東南方）：是四綠木星所在的方位，屬於巽位，其性屬風。此位可得到別人的信賴，也可開拓交際的運氣，及幫助結婚運的好方位。同時東南方也是正財的方位，讓你有充裕的錢財。

（南　方）：是九紫火星的方位，屬於午位，其性屬火。此位代表著華麗、耀眼，美感、文藝才華和技術上的能力。但此位也是容易引起糾紛的方位，而且作事會反反覆覆不太好。夫婦若同時在此方位待久了，容易離婚。因此要促進夫妻感情的方位，兩人最好到住家的西南方旅行遊玩。

（西南方）：此方為二黑土星的方位，屬於坤位，其性屬土。此位會讓你能脫離是非圈，且能讓你家庭和樂，能提昇家運。

（西　方）：是七赤金星的方位，屬於酉的方位，其性屬金。此位較愛享受娛樂，因此作餐飲、服飾的人較重視此方位。若是現金生意快速進帳的行業亦可。

（西北方）：此方為六白金星的方位，屬於乾位，其性屬金。此位利於尋找貴人得到幫助，也是利於求神拜佛的好方位。同時此方位也是利於『偏財運』的方位。

（北　方）：是一白水星的方位，屬於子位，其性屬水。此位可增進人與人的關係，此方位也是一個可保守秘密的方位，你若是堅持某種秘密，可將你的辦公室放在你住家的北方方位上，也易於藏些私房錢之類的。此方也是正財的方位，但利於隱藏。

（東北方）：此方是八白土星的方位，屬於艮位。此方利於變革，若你的辦公室是處於你住家的東北方，其人事的流動是很快的。而且你也會很積極的改革辦事的方法。此方亦稱作『鬼門』，擁有極大的權力可掌管財務。此方也是利於『偏財運』的方位，若能多吸收此方的氣運，你很快的就能掌握到權力和金錢。但此方要小心運用，因速度很快而造成極速的盛極而衰的現象。

第八節　如何在吉方利用『方位學』增長『偏財運』

由前面的章節內容我們歸納起來，知道屬於有財運的方位有東南方、西南方、西方、西北方、北方等方位，但是『偏財運』強的方位只有東北方和西北方了。倘若剛好在今年的年度中和你的吉方相合，你就可以以你住所為中心，找出屬於你的『偏財運』方向，朝那個方向去走走或遊玩旅行，多去吸收那個吉方的『氣運』。

去吸收吉方『氣運』要注意的事項：

一、去吉方增運不可匆匆而回，至少要在吉方待到四小時至三天的時間才有效。（倘若你很忙，待四小時就可以吸到吉方的氣運了，待的逾久愈有效。）

二、到吉方多行森林浴，或晒晒太陽，多與自然接觸。多飲用當地的水，吃當地的水果或特殊的當地產物。

三、到吉方去要放鬆自己，與當地的人融合一片，不能與人衝突，要製造一個寧靜祥和的氣氛給自己，否則就前功盡棄了。

四、吉方若是溫泉地則更好，洗洗溫泉可直接吸收大地給你的氣運。

五、多走路，最好赤腳走路，讓你雙足直接接受大地的氣運。你也可帶一些當地的土或水回來，放在花盆或魚缸中，讓吉方的氣運常留你家。

六、從吉方歸來之後，你會發覺自己精神百倍，表面上看來這趟吉方之旅似乎跟財運沒有直接關係，其實你已培養出高昂的氣運，可以迎接上天賜給你的超然銳利的氣勢——『偏財運』了！

第九節 『暴發運』是『點』不是『面』

很多人都誤以為爆發了一次『好運』之後，『好運』就該永遠跟著他，從此就『好運連連』，永無止境的發下去了！

其實不然！我們要知道真正『爆發偏財運』的機緣是在一個『點』上，而不是一個『面』。

這個『爆發偏財運』最重要的因素就是『時間』，也就是說『時間』創造了『偏財運』。這個『時間』就是一個重要的『點』。

也許你沒有感覺到時間一分一秒的流逝，也許你沒法感覺到『運氣』的運行，但是他們確實的在你的四周身旁默默的移轉著，改變著你的一生！

有些人問我：「老師！為什麼自從上次中獎後，好久都沒再中呢？」

又有人問：「老師！自從兩年前意外升了官之後，我更是日日勤奮，但是到現在卻無再升遷的消息，而且最近公司人心惶惶，據說要裁員，裁的可能是我們這些高級職員呢！老師！你不是告訴我，我有『偏運』，為什麼會遇到這麼不順的事？」

關於這兩個人的問題都是誤以為有了『偏財運』便一輩子都是好運，享用不盡了的誤解。殊不知人的運氣是『有起有落』的，不是這個月中了獎，下個月會繼續中獎的。我常常看到很多具有『偏財運』格人的命盤上，在『暴發運』宮位的次一宮位，入坐的卻是暗曜破耗、或是陷落之星，讓此人的運氣無法連成一氣，因此成了大好之後的大壞，倒應了那句『暴起暴落』的預言了！像這種狀況有沒有辦法破除呢？這在後面的章節會談到……。

但是『偏財運』是一個『時間』的問題，是我要再次要重中的，一定在要爆發的『臨界點』上才會爆發，時間期盼得早了不會發，時候過了仍是不發，只有徒增嘆息！

第五章

贏的關鍵——如何計劃迎接幸運的時刻

✤✤✤✤✤

『偏財運』是極度的旺運，雖然自己就會發生，但若你能助旺它，讓它氣勢如虹，勢如破竹，豈不快哉！

第五章 贏的關鍵——如何計劃迎接幸運的時刻

第一節 利於求財的財神方位

各種生肖的人之財神方位

生肖屬相	財神方位
屬鼠的人	甲子年生人坐正東南財神方
	丙子年生人坐正西財神方

如何算出你的偏財運

戊子年生人坐正北財神方
庚子年生人坐正東財神方
壬子年生人坐正東南財神方

屬牛的人

乙丑年生人坐正東南財神方
丁丑年生人坐正西財神方
己丑年生人坐正北財神方
辛丑年生人坐東北財神方
癸丑年生人坐正南財神方

屬虎的人

甲寅年生人坐正東南財神方
丙寅年生人坐正西財神方

戊寅年生人坐正東財神方
庚寅年生人坐正東財神方
壬寅年生人坐正南財神方

屬兔的人

乙卯年生人坐正東南財神方
丁卯年生人坐正西南財神方
己卯年生人坐正北財神方
辛卯年生人坐正東財神方
癸卯年生人坐正南財神方

屬龍的人

甲辰年生人坐正東財神方
丙辰年生人坐正北財神方

▼如何算出你的偏財運

戊辰年生人坐正北財神方
庚辰年生人坐正東財神方
壬辰年生人坐正東南財神方

屬蛇的人

乙巳年生人坐正東南財神方
丁巳年生人坐正西財神方
己巳年生人坐正北財神方
辛巳年生人坐正東南財神方
癸巳年生人坐正南財神方

屬馬的人

甲午年生人坐正東南財神方
丙午年生人坐正西財神方

戊午年生人坐正北財神方
庚午年生人坐正東財神方
壬午年生人坐正南財神方

屬羊的人

乙未年生人坐正東南財神方
丁未年生人坐正西北財神方
己未年生人坐正北財神方
辛未年生人坐正南財神方
癸未年生人坐正南財神方

屬猴的人

甲申年生人坐正東南財神方
丙申年生人坐正西財神方

戊申年生人坐正北財神方
庚申年生人坐正東財神方
壬申年生人坐正東南財神方

屬雞的人

乙酉年生人坐正東南財神方
丁酉年生人坐正西財神方
己酉年生人坐正北財神方
辛酉年生人坐正東南財神方
癸酉年生人坐正南財神方

屬狗的人

甲戌年生人坐正東南財神方
丙戌年生人坐正西財神方

戊戌年生人坐正北財神方
庚戌年生人坐正東南財神方
壬戌年生人坐正南財神方

屬豬的人

乙亥年生人坐正東南財神方
丁亥年生人坐正西北財神方
己亥年生人坐正北財神方
辛亥年生人坐正東財神方
癸亥年生人坐正南財神方

＊坐正北財神方的意思，就是人坐在正北方位、面朝向正南方位。坐正東南財神方，就是人坐在東南方位、面朝向西北的方位。以此類推……

第二節 利於『偏財運』的顏色

在我們的居住環境裡，和經常使用的物品上，常會受到周遭的色彩干擾我們的視覺，同時也影響著我們大腦的活動，與情緒的起伏。

倘若這些顏色剛好是與我們的『喜用神』相合，當然沒有什麼問題。若是相剋的，就會有不順的情況發生了，而且還會影響到身體健康的狀況。

多年前有一位面色暗淡的朋友來向我求助。在第一次見面時，他便是穿著一件鮮紅如血的棉衫。據說他已有一年沒有工作了，言談之間他的脾氣暴燥，多不耐煩。經我查其喜用神其實為『金水』。

於是我問他：『你是不是很喜歡穿紅色衣？』

他說：『我一直是這樣穿得呀！我以為紅色是喜色，會帶來好運。』

我告訴他說：『你錯了！你的喜用神為《金水》，應該穿白色、水色、淺藍色系的衣服。金被火煅冶太過，精神容易萎靡，身體不好，脾氣暴躁，運也不順！』

二個月後再見到他，他穿了一件白襯衫，明堂發亮氣定神閒，想必運已轉好。細問之下，原來他已聽了我的話，改變衣著的顏色，再也不穿紅色了！現在頭也不會痛了，而且已找到一份不錯的工作，已做了一個多月。

由此我們可知道『顏色』對人不但是心理上的影響，在運程上也是有影響的。你若是想促進你的『偏財運』，『顏色』是一定不能忽略的。

下列是助旺『偏財運』的顏色

喜用神為『甲木』者——綠色、黃色。

喜用神為『乙木』者——綠色、黃色。

喜用神為『火木』者——綠色、紅色。

喜用神為『丙火』者——紅色、橘紅色。

喜用神為『丁火』者——紅色、粉紅色。

喜用神為『戊土』者——咖啡色、暗紅色、土色。

喜用神為『己土』者——淺咖啡色、茄紫色、淺土色。

喜用神為『火土』者——紅色、紅咖啡色、土色。

喜用神為『庚金』者——白色、金色、銀色。
喜用神為『辛金』者——白色、金色、銀色。
喜用神為『金水』者——白色、水色、藍色、黑色、金色、銀色。
喜用神為『壬水』者——黑色、水色、黑白相間的顏色。
喜用神為『癸水』者——黑色、水色、黑白相間的顏色。

第三節　利於『偏財運』的食物

在命理學上食物也是影響運程的關鑑之一，很多人都知道作競爭激烈的生意的人，要多吃牛肉、羊肉，以增加競爭力。『偏財運』是一個強勢的運勢，也屬於強力的競爭力之類，因此牛肉、羊肉對『偏財運』也是極有幫助的。

下面是以『喜用神』來說明對『偏財運』有利的食物。

喜用神為『**甲木**』者：多吃兔肉、豬肉、綠色蔬菜。

喜用神為『**乙木**』者：多吃兔肉、豬肉、綠色蔬菜。

喜用神為『**火木**』者：多吃羊肉、豬肉、綠色蔬菜、紅蘿蔔。

喜用神為『**丙火**』者：多吃牛肉、羊肉、肝類、紅莧菜、紅椒、南瓜、蕃咖、火龍果、荔枝、紅蘿蔔。

喜用神為『**丁火**』者：多吃牛肉、羊肉、肝類、紅豆、紅椒、南瓜、蕃茄、荔枝、紅蘿蔔。

喜用神為『**戊土**』者：多吃蛇肉、牛肉、牛蒡、馬鈴薯、地瓜、花生、黃豆、蓮藕。

喜用神為『**己土**』者：多吃牛肉、牛蒡、馬鈴薯、地瓜、南瓜、花生、黃豆、蓮藕。

喜用神為『**火土**』者：多吃牛羊肉、馬鈴薯、南瓜、花生、地瓜。

喜用神為『**庚金**』者：多吃雞肉、綠莧菜、地瓜葉、白菜、包心菜、白蘿蔔、竹筍、山藥、小黃瓜。

喜用神為『**辛金**』者：多吃雞肉、白菜、包心白菜、芹菜、小黃瓜、白蘿蔔、竹筍等。

喜用神為『**金水**』者：多吃雞肉、大小白菜、芹菜、白蘿蔔、竹筍、意仁等。

喜用神為『**壬水**』者：多吃豬肉、川七、西瓜、瓜類蔬菜、黑豆、香菇。

喜用神為『**癸水**』者：多吃豬肉、川七、西瓜、瓜類蔬菜、黑豆、香菇。

第四節　利於『偏財運』的植物

現代人的生活不是侷限在高樓大廈之中，就是居住環境狹窄，整日生活在封閉的空間內吹冷氣，美其名是中央系統空氣調節，其實是廢棄的空氣一直在循環流動，若沒有新鮮空氣的補充，人怎能精神愉快、神清氣爽呢？

在這樣的環境中，對於氧氣的供給都是不足的。我們可以看到植物生長在氧氣不足的空間裡，是無法生長良好的，何況是人類呢？

一個人長期無法呼吸到足夠的乾淨空氣、新鮮的氧氣，身體怎麼會稱得上健康？身體不健康，運氣又如何會好呢？

因此我在前面章節（第四章，第八節，如何在吉方利用『方位學』增長『偏財運』）中也提及，在吉方行森林浴的綠色行動。

現代人都很忙碌，天天行森林浴又不太可能，因此在家裡佈置綠色的植物，來與人發生互動互助的關係。你只要花一點點時間來照顧它，就是照顧了你的『旺氣』！相信你一定很樂意養一盆『旺運』的名符其實的『發財樹』了吧！

能在室內養植的植物不多，大多是屬於觀葉植物。

能增加『偏財運』的植物

黃金葛：目前許多命理學家在推廣『黃金葛』以增財運的觀念。黃金葛是一種易養的植物，再生、分芽都很容易。只要有乾淨的水，根也不易腐爛。

由其名稱的感覺上也會帶來財富，而得到大家的喜愛。黃金葛性較溫和，是屬於『正財』的植物。對於財運的助長有緩慢漸進的功能。倘若你是個性沉穩，講究以踏實漸進、按步就班的方式走向成功之路的人，種植黃金葛來助長『旺運』是最好的了！要選擇葉片肥大者為佳。

馬拉巴栗：這種植物生命力很強，在烈陽下或室內都可生長，室內生長得較慢。

其葉片為狹長形，五至七片為一組。作為發財樹來說，葉子太稀疏了。

故有些種植者，將其三、四根幼苗在樹幹的部份加以糾結成麻花形固定成一棵，以增其茂密。

此樹葉片屬狹長尖形，在助運方面利於競爭，故屬於

『偏財運』的植物。

巴西鐵樹：此樹若有一人高的較大盆景較佳，若是放在桌上的小盆景，多是將樹幹截斷，置於水盆中再使其生根發芽，枝幹的頂端會冒出對稱的兩個芽來，漸漸的葉子愈長愈長。但是因其葉子會垂下來，並不茂密，所以要多棵並種一盆，才會有『旺運』的效果。

此樹溫和衝力不足，屬於『正財』的樹。

發財樹：市面上所賣的『發財樹』，其實是榕樹的幼樹苗，業者將小樹上綁上許多紅色蝴蝶結，紅色帶來喜氣，此樹多在過年的時候賣，可見是業者招攬生意的方法，並不俱有真正的發財意義。

這種榕樹在命理學裡就不算吉祥的植物，其葉子太小，星星點點的，放眼觀去都是人為的點綴，故而對爆發財運恐幫助不多。

綠巨人：此植物的葉子有點像芭蕉葉，葉片很大，墨綠色。保養得好，葉片漆黑。對陽光的需求量很低，也不須太多的水份，放在地下室最好，此樹屬於『陰財』的植物。很多銀行、大的銀樓、金飾店都喜歡擺設此種植物。時下許多達官顯貴的家中也喜好此種植物，有『陰財增運』的功能。人人都喜歡發『偏財』、『偏運』，但是又怕別人知道會破壞或是覬覦，故財喜暗藏。

擺置此種植物多半是擺一對，左右對稱。單棵的也有，力量較小，放在地面以下的地方（地下室）更能保有陰財暗藏的特性。此樹放在室內五鬼方位，『偏運』暗發之日指日可待。

鳳梨花：此種植物的花開在葉子中心，有紅色、黃色、橘色等很多種顏色。多半是國外進口的較為肥大美麗。

鳳梨有『旺來』的音義，故只有此地的人將它當作『發財樹』。

鳳梨花有鋸齒狀的葉片，屬於競爭性強的植物，因此算是『偏財運』的植物。要選擇大棵的較有『旺運』的功能。

金幣變葉木：此種變葉木種植得好的話，植物的上端黃澄澄的一片，像是黃金的顏色。若是種植一片或將數十盆放置在一起，更是壯闊美麗。因為要供觀賞，種植者多讓其保持離地兩尺的高度，不讓其太高。此植物為進口植物。

此種變葉木因頂端呈現黃金的顏色，若有風吹過，像是數萬金幣在流動，故有金幣變葉木之稱。此種植物為『偏財運』的植物。放在室內的『旺方』，更有增運的效果。

開運竹：花市上賣得最多的就是開運竹了，此植物又稱『富貴竹』。大概是利用一種促銷的作用，而冠上『富貴』二字。

開運竹被業者截枝，綁成各式各樣的姿態來出售。此種『開運竹』其實也是常青樹的一種，葉片狹長上揚，很適合『偏財運』的助旺，但須要以數十支綑成粗粗的一把（要單數）較佳。

第五節　利於『偏財運』的用品和法器

對於『偏財運』來說，利於『財運』的用品和法器都一切有效，只是助旺『財運』時有緩有急，有旺有弱。而『偏財運』是一種『極旺』的運勢，故須要強而有力的靈性助益才行。

利於『偏財運』的用品和法器有：

一、寶石類：

有古玉、水晶、蜜臘石、琥珀石及天然的隕石等等，都具有某些程度的靈性，如能配合自己的用神和九星來配戴在身上或放置在家宅旺運的方位，會有助運的效果。

以喜用神為主，可配用之寶石：

喜用神為『甲木』者——配用古玉、翡翠、隕石。

喜用神為『乙木』者——配用古玉、翡翠、隕石。

喜用神為『木火』者——配用古玉、紅色蜜臘、琥珀、隕石、紅寶石。

喜用神為『丙火』者——配用紅色蜜臘、琥珀、雞血石、隕石、紅寶石。

喜用神為『丁火』者——配用紅色蜜臘、琥珀、雞血石、隕石、紅寶石。

喜用神為『戊土』者——配用黃色蜜臘、古玉、天然隕石、黃水晶。

喜用神為『己土』者——配用古玉、黃色蜜臘、天然隕石、黃水晶。

喜用神為『火土』者——配用紅色或黃色蜜臘、古玉、琥珀、紅寶石、雞血石、天然隕石。

喜用神為『庚金』者——配用金色髮絲水晶、黃金飾物、隕石。

喜用神為『辛金』者——配用金色髮絲水晶、黃金飾物、白金或銀飾、隕石。

喜用神為『金水』者——配用黃色或白色水晶皆可、黃金飾物、白金或銀飾白、古玉、隕石。

喜用神為『壬水』者——配用白水晶、白古玉、隕石、白金或銀飾。

喜用神為『癸水』者——配用白水晶、白古玉、隕石、白金或銀飾。

※喜用神為金水、庚金、辛金、壬水、癸水者，可將水晶、古玉、隕石等置於一個盛水的碗中，放在室內的財方，借五行金水助旺財運。但不可放在五鬼方位，以免引起是非災禍。

※喜用神為火土、丙火、丁火、戊土、己土者，可將古玉、紅色或黃色蜜臘、琥珀、雞血石、隕石等任何一樣，放置在一個盛有鹽的碗中，放在室內的財方或偏財方（五鬼方）亦可，可助旺『偏財運』。

二、器物類：

1. **神　像**：能幫助『偏財運』有關的神像有關聖帝君、彌勒佛、財神像以及密宗的五路財神（黃財神、紅財神、白財神、黑財神、綠財神）。

在密宗裡五路財神各司職守，供奉都須要特別的加持、灌頂等儀式才會靈驗。神像宜供奉在室內的財方或生旺之方，天天勤加膜拜頂禮才會靈驗。

2. **金　蟾**：金色的蟾蜍，俗稱『跳財』，放在偏財位上，可招來『偏財運』。

3. **八　卦**：八卦放置在偏財位有鎮守的功能。亦能招來『偏財運』。

4. **旺來金飾**：金色的鳳梨——旺來金飾放置在偏財位上，不論男女都有旺運的功能。

5. **銅　錢**：銅錢必須是古錢才有效，將古銅錢多枚或捆綁成串，放在偏財位上，以『偏財』為主，能招財助運。

6.金字塔：以金字塔放在偏財位上有快速增運增財的功能。

金字塔的質材，有真正黃金鑄成的、有水晶作的、有蜜臘作的、琥珀作的、玉石作的，也有用玻璃製作，而內置清水的金字塔。放置金字塔以增運，還是要看本命用神為何才可用，不然用錯了反而敗財更快。

第六節　能幫助你助長『偏財運』的神祇

以命宮坐命星宿為主的守護神

命宮坐命星　所需參拜之守護神

紫微星——北斗星君
太陽星——關聖帝君
武曲星——關聖帝君、福德正神
天同星——福德正神
天府星——南斗星君
太陰星——觀世音菩薩、福德正神
貪狼星——拜八仙、關聖帝君
巨門星——門神、福德正神

天相星——諸葛孔明、福德正神
天梁星——王禪老祖、福德正神
七殺星——關聖帝君
破軍星——關聖帝君
火　星——關聖帝君
鈴　星——關聖帝君
天機星——關聖帝君
廉貞星——關聖帝君

一般說起來，天機坐命者和廉貞坐命的人較少有『偏財運』的機會，在他們的命格裡主要是以『正財』為主的，故而應該以正職為重，從事公家機關的公務員，或作學術的研究對他們較有利。若堅持要走『偏財運』的路子，將來會輸得很慘！

第七節　以『用神』為主『偏財運』所須參拜之守護神

喜用神為『甲木』者——拜八仙、關聖帝君。

喜用神為『乙木』者——拜八仙、關聖帝君、福德正神。

喜用神為『木火』者——拜八仙、關聖帝君。

喜用神為『丙火』者——拜南斗星君、哪吒三太子。

喜用神為『丁火』者——拜南斗星君、哪吒三太子。

喜用神為『戊土』者——拜福德正神。

喜用神為『己土』者——拜福德正神。

喜用神為『火土』者——拜哪吒三太子、福德正神。

喜用神為『庚金』者——拜關聖帝君、托塔天王。

喜用神為『辛金』者——拜關聖帝君、托塔天王。

喜用神為『金水』者——拜觀世音菩薩、托塔天王。

喜用神為『壬水』者——拜北斗星君、關聖帝君、觀世音菩薩。

喜用神為『癸水』者——拜北斗星君、關聖帝君、觀世音菩薩。

第八節　如何增加意志力來輔助『偏財運』

任何事想要成功，『意志力』都是很重要的，有的人拜神；有的人用器物招財；也有以通曉易經八卦的真髓來助運，凡此種種，其實真是說穿了，無非都是為了增加自己本身的『意志力』！

人們常說自己苦於缺乏機會，或是沒有資本去賺取更多的錢，他們用青春歲月去換取金錢，勞勞碌碌地終其一生，殊不知最大的機會就等在那裡！

有謀略的人常說：「籌碼是創造出來的！」

有偏財運的人更知道：「幸運也是創造出來的！」

倘若你是擁有『偏財運』命格的人，『幸運』的機會已比常人多了兩倍。你只須好好把握『幸運點』上準備的時刻，一生中即可翻身十數次之多，這種『幸運』的本錢，是許多人夢想不到的！你為什麼不好好計劃一下，改變你一輩子的力量？努力增加自己的『意志力』。在『偏財運』爆發的時候，把自己推向更高、更旺的境界！

增加意志力的方法很多：

第一要件：首先你要有一種『富有』的態度，相信自己是絕對富有的。一個長久窮困的人、心思度量也必定狹窄，縱有『旺運』落在他的身上，他不是懷疑、踟躕不前，就是無法領受，不斷地蹉跎，耽誤了發運的時刻。因此『堅信自己是富有的』、『自己必然會成功』是首要的第一要件。

第二要件：你要預先對自己做一個評估，自己到底有多少身價？要發多少『財』？要走多少『運』？你是要『發財』？還是要在事業上『發運』？有了這些堅定的思想後，運氣就會領導你前進。你若是將你的目標定的很小，中獎中個幾萬元就夠了，自然暴發運就發得小。若是目標定的較高較大，自然暴發運也較大。（可能能中個幾百萬、幾千萬）。因此「開放的視野」——遠大的眼光對你是很重要的。

第三要件：要有健康的心智，想成功也必須付出代價。往往人為了得到『偏財運』，付出了太大的代價，其實這是不必要的。

擁有健康、和樂的家庭是你最大的本錢，他們在你尚未得到『偏財運』之前，是你最大的原動力，他們幫你渡過『霉運』的時刻，使你擁有清醒的『衝力』來進入『偏財運』的運程之中。因此你要敬重自己、敬重周圍的人。

第四要件：不可走火入魔！倘若你自恃自己有極旺的好運──『偏財運』，而不事努力工作，或是戀戀不忘自己發運的時刻，只是慵懶的等待，或是到處宣揚自己是擁有爆發『偏財運』的能力的人，到頭來，不是不發，就是發的小了。偏財運遺忘了你！那時你再怨嘆：「怎會落到今天的地步？」也就夠慘的了！

第五要件：加盟『旺運』安全組織。你想要成功，想要加速爆發

『偏財運』這等『旺運』的衝力，當然不能忘卻這些已具備了某些好運的人，常跟這些旺運的人在一起，有助你頭腦清明、心智的成熟與開擴、思慮清楚、判斷正確。在你發運時，更能幫助你發得更準更為有力。

有了這五大要件的砥勵，朋友們，成功就在眼前囉！

第六章

偏財運的禁忌

✲✲✲✲✲✲✲✲

宇宙間有許多『吉』的因子，也有相反的『敗壞』的因子，遇到『吉』的因子，你就成功了！遇到『敗壞』的因子，你就失敗了！『敗壞』因子的名字就叫做『禁忌』。

法雲居士◎著

一般人從觀命開始，把命看懂了之後，就想改命了。

命要怎麼改？很多人看法不一。

改命最重要的，便是要知道命格中受刑傷的是那個部份的命運？

再針對刑剋的問題來改。

觀命、解命是人生瞭解命運的第一步。

知命、改命、達命，才是人生最至妙的結果。

法雲居士用紫微命理的觀點來協助你進入知命、改命，以致於達命的人生境界。這本「如何觀命・改命」會幫助你過更好的日子，更清楚自己的人生方向。

第六章　偏財運的禁忌

第一節　『偏財』與『偏運』的禁忌

『桃花』是『偏財』、『偏運』的最大剋星！

殺傷力極大的禁忌

『偏財』與『偏運』最大的禁忌在於『桃花』。

如何算出你的偏財運

由其是『偏財』最忌諱『桃花』，假若犯『桃花』，則『偏財』不是減弱，就是根本發不出來。

桃花所指的是什麼呢？

『桃花』主要是指男女間的『性關係』，不管是婚外情以及夫妻間的性關係都算。而其中又以婚外情這種不正當的性關係殺傷力最大！

故有『偏財』、『偏運』這些時機到來時，凡事戒之在『色』！男戒『女色』！女戒『男色』！

曾有一位年過四十的學生跑來問我。

「老師！我算過上個月本來有偏財的，可是一直等一直等都沒發！不知是怎麼回事？」

我問他：「最近有沒有桃花運啊？」

他臉紅的答道：「最近確實新交了一個女朋友，感情正熱！」

我看了他一眼，「這就是了！不是告訴過你，發運時不可有『桃花』，會破運的！」

「我想不會這麼靈吧？要發運就沒那麼靈，要破就真靈！嘿嘿嘿……。」

「你錯了！要發要破都是很靈的！」

『桃花』為『洩』

我們通常可看到『偏財』『偏運』都是一個旺運，它是絕對不會發生在一個病如膏肓的人身上，發運的人都是紅光滿面，氣勢如虹。

而『桃花為洩』。在有性關係之後，身體的能量自然下降，旺

如何算出你的偏財運

運也降為弱運。再視你身體機能的旺弱和命理本身的結構強弱而定。故而有些人『運』發得小了，有些人便發不出來了！

因此，『桃花』對於要靠『偏財運』起家的人來說，禁忌更甚！

從命理學來講，紫微、貪狼坐命的人和廉貞、貪狼坐命的人，因為『桃花』較重，所以『偏財』『偏運』較弱。

武貪坐命的人，較無桃花的困擾，故『偏財』『偏運』較強。而武貪坐命者，本身財運流暢，物質生活優裕，較不重視發『偏財』之運，故其佳運多發在『偏運』上，轉而反應在事業上，而成為雄霸一方的大企業主或是武將。這個例子是屢見不鮮的，例如蔣宋美齡、郝柏村命即是。

第二節　『偏財運』其他的禁忌

一、在『偏財運』發運的前後，要謹言慎行，千萬不要產生邪念狎思和惡行，這不但會洩露天機影響你發運時的強弱，縱使是發了運，也會造成大破、生命危險或牢獄之災的後果。

二、在『偏財運』發運的前後，要多與有吉運的人交往。想想看！你身邊的人都是衰運，只有你一個人是旺運，他們將你的旺運吸取殆盡了，你的旺運又會開出什麼樣的花朵呢？

三、在『偏財運』發運的前後，身上不可配戴不合適你的吉祥物。若是你不清楚這個物件到底適不適合你？寧可不戴，千萬不要弄巧成拙！

四、在『偏財運』發運的前後，不要多生是非，若是造成精神的煩亂與身體受傷，對氣運的旺度也是會有影響的。

五、在『偏財運』發運時撿到金錢財物，最好不要留在身邊，會有血光之災或是非不斷的困擾。最好能物歸原主，或交警察機關處理。若是一定想保留，要有『過手』的手續（過到他人之手後再取回），否則會帶來災禍（血光或破財）。

六、在『偏財運』發運的前後，多注意你四周的顏色，例如你是需要『火旺』的人，周圍所有的牆壁、物品、甚至周圍人穿的衣服的顏色，最好不要是黑色、白色、水色、寒色調的顏色。一定要是暖色調、紅色的顏色，綠色屬木也可以。

若你是屬於走『金水運』的人，周圍所有的顏色剛好相反，絕對不可有火色、紅色出現，否則會形成『金火』『水火』相剋不順的狀況發生，也影響『偏財運』的爆發。

第三節　他錯失了一生的好運機會

林先生是從事演藝事業的人員，59年生肖屬狗。命盤上顯示他在二十一歲時有極大的『偏財運』。

確實！他在二十一歲時被星探發覺，立刻如日中天，名氣打響了起來，在當時賺了不少的錢，房子、車子都買了。可惜的是天機坐命的人沒有長性，福德宮又是『玉袖天香』的格局，喜愛享樂和女色。女朋友一直保持五、六個以上，從未減少過，每天過著靡爛的生活。他的家人很為他的事業耽心，陪同他一起來找我，希望能為林先生的事業再重新出發出點主意。

他的父親一直抱怨的說：「在他剛發運的那年，他交了許多的女朋友，家人勸他以事業為重，他都不聽！一直要享受要玩，也不尊重別人。有了一些名聲就驕傲自滿，讓家人嘆息！否則其成果不會止於今天這般！」

我們來看看林先生的命盤。

「目前林先生的大運還走在福德宮，是昌曲、天姚，玉袖天香的格局上，愛玩是肯定的！但也表示他有『人緣桃花』！仍受觀眾喜愛。子、午年，都逢『鈴貪格』，可以好好發揮。要好好把握啊！丑、未年較會不順，接下來的大運在三十四歲至四十三歲之間的十年還好，有進財有破財，可說是有進有出，不像以前那麼大賺了。到了四十四歲至五十三歲的大運，就不是很好的了，也就是說中年運到老年運都是不濟，所以現在要多多努力才行！」

「難道前面的『偏運』用過，就不會再有了嗎？」林先生懷疑的問。

「當然還有！流年、逢月逢到還是有一些的，只不過不會有那麼大的機會了！」

「唉……」林先生無限懊悔的嘆了口氣，彷彿早已預料有這個結果了。

「真是可惜！大的運氣就這麼結束了！」林先生的父親仍不能釋懷的嘆道。

我們從林先生的例子中可以清楚的看到，好運也真只有那麼一次，過去了就無法再重頭來過。若能把握、經營、累積，等待下一個『偏財運』的年份到來，像撐竿跳一般，一躍就越過更高的點，創造自己人生命運上的新紀錄。

林先生命盤

命宮 天機 紅鸞 4 — 14 辛巳	父母宮 紫微 鈴星 14 — 23 壬午	福德宮 文昌 文曲 天姚 陀羅 天鉞 24 — 33 癸未	田宅宮 破軍 天空 祿存 34 — 43 甲申
兄弟宮 七殺 火星 右弼 庚辰	陽男 金四局		官祿宮 擎羊 乙酉
夫妻宮 太陽化祿 天梁 己卯			僕役宮 廉貞 天府 左輔 丙戌
子女宮 武曲化權 天相 戊寅	財帛宮 天同化科 巨門 天魁 己丑	疾厄宮 貪狼 戊子	遷移宮 太陰化忌 丁亥

舉例說明：

戴先生本來是從軍職的，本命廉殺，也很適合軍職。他作事努力負責，非常勤奮，據說很得上司看重。

但是他年輕氣盛，在二十四歲時，那年逢紅鸞在丑宮，與長官的妻子發生不尋常的戀情。

及至二十六歲大發『偏財運』之時，只中了二十萬元的發票獎金。在當時他可是意氣風發，好不得意的，以為自己是世界上最幸運的人了。

到了次年，也就是辰年，走到巨門陷落的運時，被告妨礙家庭，移送軍法審判，坐了幾個月的牢，出來之後就辦了退伍，離開了軍職，女朋友早已不知去向。

他來找我時，已經三十三歲了。當他瞭解已浪費了人生最大的吉運時，真是無限懊悔。

戴先生命盤

夫妻宮 天相 鈴星 右弼 天馬 乙巳	兄弟宮 天梁化祿 文曲 天姚 丙午	命宮 廉貞 七殺 2 — 11 丁未	父母宮 文昌 12 — 21 戊申
子女宮 巨門 甲辰	水二局	陽男	福德宮 左輔化科 22 — 31 己酉
財帛宮 紫微化權 貪狼 火星 癸卯			田宅宮 天同 陀羅 32 — 41 庚戌
疾厄宮 天機 太陰 壬寅	遷移宮 天府 紅鸞 62 — 71 癸丑	僕役宮 太陽 擎羊 52 — 61 壬子	官祿宮 武曲化忌 破軍 祿存 42 — 51 辛亥

我告訴他：「本來你的運是不止於此的！貪狼、火星加上紫微化權，在職務上獲得一個主管級的職務，兼而使你因職務之便而得到一筆錢財。以你目前的狀況來看，只中了二十萬發票獎，實在是為『邪桃花』所誤，著實可惜呀！」

他不停的問我：『還會有『偏財運』的機會嗎？』

「有的！每隔幾年就有一次機會。兔年、雞年都有，只是沒那麼大罷了！」

他說：「我真後悔以前做的糊塗事，當時還以為自己情場得意，運氣又好呢！不知道卻耽誤了自己的大運！」

我勸他說：「別再懊悔了！知道錯了就要修正。以後每年有兩個月有些『偏財』，再逢雞、兔年還是有機會的。好好把握！聚沙成塔也是會聚財的。」

人的一生往往會犯許多的錯誤，如何能把錯誤減至最少，需要我們學習更多的智慧來更正。但是一生只有一次的『偏財運』大運卻無法再追回了，只能對空嘆息！

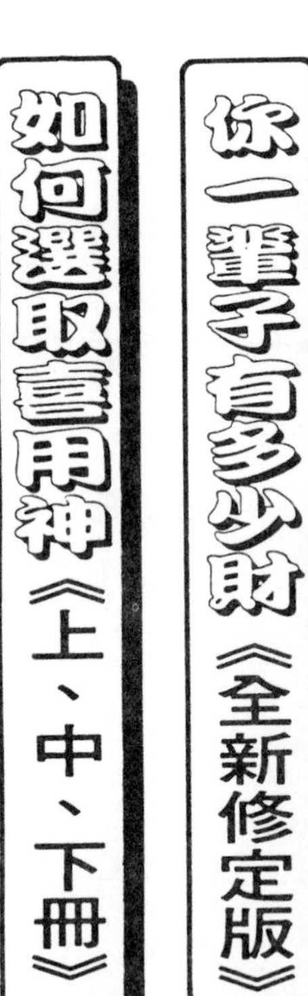

你一輩子有多少財《全新修定版》
如何選取喜用神《上、中、下冊》

第七章

如何掌握財富——擁有真正富有的人生

✲ ✲ ✲ ✲ ✲

有機會得到財富，卻無法長期掌握、擁有，也是人生裡的遺憾，懂得『破解』的密碼，確實執行，才不會遺憾終身！

法雲居士⊙著

現今工商業社會中，談判、協商是議事的主流。
每一個人一輩子都會經歷無數的談判和協商。
談判是一種競爭！也是一種營謀！
更是一種雙方對手的人性基因在宇宙中相遇激盪的火花。
『紫微談判學』就是這種帶動人生好運、集管理時間、組合空間、營謀智慧、人緣、創造新企機。
屬於『天時、地利、人和』成功法則的新的計算、統計、歸納的學問。

法雲居士用紫微命理教你計算、掌握時間的精密度，繼而達到反敗為勝以及永遠站在勝利高峰的成功法則。

第七章　如何掌握財富——擁有真正富有的人生

第一節　真正富有的人生

真正富有的人生，不只是擁有財富而已，尚有家庭和樂、健康的身心、信用跟勤奮。

許多人在看這本談『偏財運』的書中，突然看到這一節『真正富有的人生』，要開始笑了！

▼第七章　如何掌握財富——擁有真正富有的人生

如何算出你的偏財運

在這樣一本教人家如何發財的書裡，為何還要談這麼嚴肅的話題，豈不是太臭屁了？

但是我可是認真的喲！

在諸位日日想、夜夜想發財之餘，你有沒有想過『什麼才是真正富有的人生』？

在這個題目之下隱藏著許多的意義，譬如說你想發財，到底須要發多少財才算夠？或是你真正想追求的是怎樣的一輩子的生活？是錢財多得難以計數，但卻六親不和？還是家庭和樂，事業順利，發些小財，大家同樂一番？

很多人一定會說：『當然是錢財與親情，兩者兼備啦！』

倘若說魚與熊掌不能兼得，你選哪一種呢？

事實上，我們可以看到在這世界上，具有這種大富大福命格的人，真是少之又少！而這種命格又常在一些白癡智障者身上出現。命理書上說：『命格沒有極其完美的。太完美的命格，也必有一破，有的破在夫妻宮，夫妻離異；有的破在子女宮，無嗣。太完美了，通常短命早夭，或身有殘障。』

因此我們所追求真正富有的人生還是以中庸之道為合宜，凡事就不能太強求了，太強求必傷及元氣。

也因此你必須思考這個問題，給自己做一個人生方向的定位，好往目標努力邁進。

信用跟勤奮也是幫助你擁有『真正富有人生』的重要條件，不斷的接受困難與挑戰，把自己人生的大運起點提高，在旺運——『偏財運』來臨時，才可獲得最大的成功。

第二節　每個人都擁有的好運

每個人的命格運程裡都有好運跟弱運，人生就是在運勢起伏中輾轉而來，有好有壞，有喜有憂，形成多滋味的人生。

在我們展開自己的命盤觀看時，有些宮位中的星座是居旺的，有些宮位中的星座是陷落的。居旺的星當然都是吉運的星座，縱然是七殺、破軍、巨門、擎羊、陀羅、火、鈴這些凶煞之星若居旺位，也都有好的一面。他們會帶給你衝勁，努力發奮，不斷開拓的動力。

若是陷落的星，不管是福星、吉星，也都為福不多。譬如天同這顆星本是福星，可坐享其成不必操勞，但是天同若平、居陷落的位置，人就必須勞碌而無法享福了。

在每個人的命盤中，都同時具有好的星、吉運的星座，和壞的星、凶陷的星座。因此每個人的運程都是有起伏的，也因此每個人都擁有某些好運與某些壞運。

人在有好運時，活潑開朗，個性隨和，力爭上游，作事積極努力，一切充滿希望。

人在惡運時，個性晦暗凶暴，乖桀不合群，思想消沉，作事不順，人生沒有希望，常有與人同歸於盡、與石俱焚之念，非常可怕！

如何算出你的偏財運

許多人稍有不順，就想到『改運』的問題，到處尋找請人改運。

而那些幫人改運的人，總是告訴你說：『三個月以後有效！』為什麼要三個月才有效呢？為什麼不現在就有效呢？

事實上，在每個人的運程中（請你翻開自己的命盤來觀看），從你運氣不順的這個月所值的宮位開始，順時鐘方向往下算，三個月以內，必遇吉運的宮位。也就是在流月上，三個月以內必有吉運之月份。

只要你會看命盤中的流年流月，你還須花錢請人改運嗎？

倘若你的大運流年不好，縱使請人改運，所能更改的也有限（在我覺得命程已定，是根本無法改的。）你只能求於『自助』。在好運時，不可得意忘形，要廣結善緣，預留後路。

在衰運時，要沉著平靜，等待衰運的時間轉移，千萬不可衝動的與人衝突，或是作些衝動的決定，因為人在運氣不好的時候所作的決定，往往都是考慮欠周詳的，事後常常後悔。

『時間是改變運氣的最佳良方！』

每個人都擁有『好運』在你的命格運程中，要如何拿捏的準確：旺運時衝刺、力爭上游。衰運時，守、看、聽，以保元氣、元運，這才是你最厲害的絕招，讓你站在永世不敗之地！

第三節　『暴起暴落』的前因後果與破解

『暴起暴落』是命格所形成，與不義之財無關。

談到『暴起暴落』，一般人都會以看待『暴發戶』的眼光來看待這件事，以為是得了不義之財而有的下場。有的拍手叫好，有的暗地裡罵『活該』！

其實『暴起暴落』在命理上是常見的現象，許多人都擁有這類的命格與運程。倘若你自己感覺到某些年過得很好，凡事順利，『財運』、『官運』都平步青雲，而在次一年，卻突然運氣滑落，諸事不順，財運困難，官運停滯，這就是『暴落』的現象了。

『暴起』呢？通常是發了『偏財運』的關係而『暴起』的。

為什麼『暴起』後會『暴落』呢？

因為在很多人的命格格局中，在爆發『偏財運』年支的次一運程年支裡，即屬破耗毀敗之星，往往將前一年獲得的好運，次一年又敗得精光。因此我們常常看到某戶人家，前一年中了大獎，大魚大肉，頻添房舍，次一年，捉襟見肘，夜晚偷偷搬了家。

曾經有一位做外銷產品的張老闆請我為他看家宅風水，據他說，他在那年馬年，突然接到大批訂單，發了大財，小工廠不但變大，也買了一棟別墅，花了上千萬元裝璜了半年之久，住進去三個月，就發生財務困難，忍痛再將別墅賣掉，他懷疑是房子的風水不好。

張老闆命盤

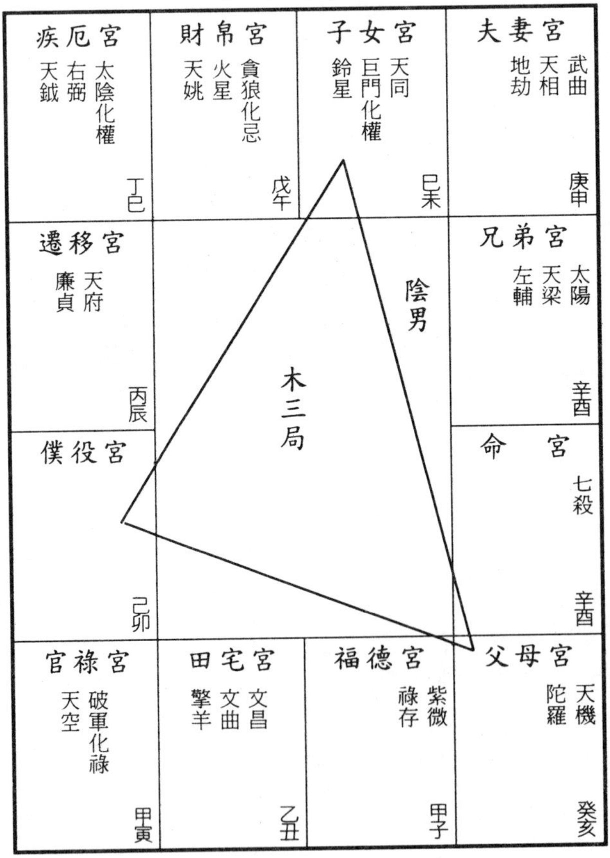

疾厄宮 太陰化權 右弼 天鉞 丁巳	財帛宮 貪狼化忌 火星 天姚 戊午	子女宮 天同 巨門化權 鈴星 己未	夫妻宮 武曲 天相 地劫 庚申
遷移宮 天府 廉貞 丙辰	木三局	陰男	兄弟宮 太陽 天梁 左輔 辛酉
僕役宮 己卯			命宮 七殺 辛酉
官祿宮 破軍化祿 天空 甲寅	田宅宮 文昌 文曲 擎羊 乙丑	福德宮 紫微 祿存 甲子	父母宮 天機 陀羅 癸亥

據我觀察所至：房子的座向與各方面來說，不算太好，但也不

算太差，最重要的是在他個人命盤上，次年（搬入別墅已到次年）走到天同、巨門都在陷落的運程之上，三合之處，天機平陷，也無其他的吉星相助。天機產生變動，陷落時產生壞的變動因子。所以沒有吉運，又無貴人的狀況下，那一年流年財帛宮又落空宮，運勢很弱，官祿事業宮遇天機、陀羅兩顆凶星，平陷不順，只有賣別墅一途了。

這就是『暴起暴落』的實例了。

下列是容易『暴起暴落』的運程格局：

※紫貪在卯宮，火星、鈴星在酉宮的人，雞年發運，到亥年逢武曲、破軍，因財被劫，會暴起暴落。

※廉破坐命者，也是容易暴起暴落的人。

※貪狼在子午宮遇火、鈴的人，次年運行天同、巨門皆居陷地惡耗，容易暴起暴落。

※紫貪在酉宮，火、鈴星在卯宮的人，也會暴起暴落，因不論是兔年發運，或是雞年發運，次年都有不好的運道。兔年發運，次年逢天同平陷，對宮巨門陷落，隔年又遇武、破二星，因財被劫，是雪上加霜。雞年發運，次年逢巨門暗曜陷落，是非困難糾纏，對宮天同平陷，只增辛勞，而無收穫，起落非常明顯。

如何破解『暴起暴落』

要破解『暴起暴落』的惡運，其實也不難。人常常不注意這一點，只是隨波逐流，隨運程的起伏而起落。只顧怨歎，而不太重因果的關係。所謂『人無遠慮，必有近憂』。只要注意到自己命盤中有這種『暴起暴落』的格局，你就要特別注意了！

第一：在爆發『偏財運』時，就要先預想到次年的破耗，預先將錢財房產之物，轉移到家人及可信賴的人的戶頭名下，以求保本。

第二：若爆發的是『偏運』官位，就要預作最壞的打算，要先廣結人緣、善緣，以求在暴落之時有個預先設計的『落點』，這個『落點』不能太低，以求在他日另一個『爆發運』再起時的起點不會太低。

第三：多行善事，以積陰德。做善事不可一廂情願，必須是他人所認同的善事，倘若自己只是一廂情願的認為自己在行善，卻不為受惠者所接受的話，也不算是善事了。

積陰德其實就是在結善果，可保你『暴落』時，不會跌得太深，他日再起運之時，起運點也不會太低。

做到這三點，看起來簡單，其實並不容易，很多人在旺運時，不曾想到行善，預留後路，等到衰運了，又自稱沒有能力去做善事了。很多人在走旺運的時候，以為自己已成了『人上人』，根本眼中看不到比自己差的人存在，等到衰運時又自卑的自覺一無是處，自憐自艾，這就是絕大多數『暴起暴落』的人的寫照，你要不要像他們一樣？或是好好的計劃一下呢？

第四節 『富屋窮人』的印證

> 『富屋窮人』真正的原因是『財多身弱』。

在命理學上，『富屋窮人』的意義，和一般人在字面上的解釋是有所不同的。

『富屋窮人』在命理上是指此人有財很多，但卻無命花用。為什麼會有這個現象發生呢？原因非常簡單，最主要的原因就是『財多身弱』的原因了。普通身體健康較差的人，八字上都有缺陷，五行生旺的調節都不好，須要以八字用神來加以改善，並且要靠流年旺運來補運。

財多身弱的人，在接受旺運時，固然身體狀況也會轉好，但也要觀其福德宮的承受力如何，若福德宮的承受力不足（福德宮有破耗衰敗之星），縱然有極度的旺運，受不了衝擊，在旺運完成之時，就是壽命完結的時刻，這也非常悲哀的，因此也不得不防。

倘若你的身體一直不好，而又身具『偏財運』的話，你可得小心從事了！你得先算算大運流年，再決定這個『偏財運』要發還是不發，倘若你的發運主力又是在『財運』上，那你就要決定到底你是要財？還是要命了？

前面的章節中，一再地提到『偏財運』是個強勁的衝擊力、競爭力都很強的運勢，倘若你的命格福德無法承受，發運後損害了壽命並且無法自身享用，最後還是遺憾。

下面就是『富屋窮人』的例子：

曾小姐四十八年次，逢丑年（牛年）有『武貪格偏財運』，其『偏財運』更帶有『化權』、『化祿』同坐，威力甚強。

田宅宮有天府、火星，財庫為『刑財』格局，而且疾厄宮為天相陷落，此為『富屋窮人』的格局。女人的田宅宮也代表其子宮的狀況，有火星入宮時，會有突發之病症及長腫瘤的現象。

曾小姐身體一直虛弱，且先後多次開刀，先是子宮長瘤開刀、胃潰瘍、脾臟的問題等等。事業雖做得不錯，但身體卻無法承受，常因賺了一筆錢，接著就要進醫院。命裡有錢，但身體卻很壞，成了真正的『富屋窮人』。

羊陀火鈴

曾小姐命盤

子女宮 紫微 七殺 陀羅 己巳	夫妻宮 文曲化忌 祿存 庚午	兄弟宮 擎羊 辛未	命宮 文昌 天馬 壬申
田宅宮 天機化科 天梁 戊辰	陰女 水二局		父母宮 廉貞 破軍 天姚 癸酉
福德宮 天相 丁卯			福德宮 甲戌
遷移宮 太陽 巨門 右弼 丙寅	僕役宮 武曲化祿 貪狼化權 丁丑	官祿宮 天同 太陰 左輔 鈴星 丙子	田宅宮 天府 火星 乙亥

第五節　『有財無庫』的遺憾

我們常聽命相者說及『有財沒（無）庫』這句話，有人也自嘲自己花錢花得很兇，說自己『有財沒（無）庫』。到底什麼是『有財無庫』呢？

『**有財無庫**』是指錢財有很多，卻是財庫破了，無法留存的意思。

財庫為什麼會破呢？

紫微命理上的『財庫』，主要指的是『田宅宮』，以『田宅宮』為『財庫』之地，而『財帛宮』代表的是指你手中可運用流通的錢財。

因此『有財無庫』整句話的意思很清楚的告訴你：雖然你手中有很多的錢財，但是你家中庫房中卻沒有留存。

故而，你要小心了！手邊財來財去總是空歡喜一場，最後還是個一無所有的人。

田宅宮中坐破軍、七殺、巨門、擎羊、陀羅、火鈴、劫空、化忌等破耗、暗曜凶煞之星，是『無庫』的重要原因，即使有錢財入庫，便會產生爭端，讓你破費花錢，消耗殆盡。

『有財無庫』既是如此的凶惡，而大多數的人又有如此的困擾，到底有沒有方法可以抵制它？

有的，方法也很簡單，但你必須確實執行。

當你錢財多時，即要將部份錢財轉存在家人或可信賴的人的戶頭裡代為保管，並且要注意這個選定者一定也是要『有財有庫』的人（也就是田宅宮、財帛宮要好的人），才能保住你的財，否則他幫你花得更快，讓你更是哭笑不得！

為什麼要這麼做？這就是『狡兔三窟』的道理，既然知道自己的籃子已破，雞蛋就只好暫借別人好的籃子暫放一下，以免雞蛋全都破了，沒有了！

其次你要多行善舉、善念，為自己多留善因，縱使稍有不順，所結的善果、善緣，也自會創造出貴人，挽救你於頹敗之中。

『有財無庫』的典型

※田宅宮坐武曲、七殺，因財被劫，為財庫破耗，不能聚財。

※田宅宮、財帛宮坐化忌星，錢財多是非、困難，為財庫破耗，不能聚財。

▽如何算出你的偏財運

※田宅宮、財帛宮有天機星或巨門星陷落，為財庫破耗，不能聚財。

※田宅宮、財帛宮有擎羊、陀羅、火星、鈴星居陷落、劫空者，為財庫破耗，不能聚財。

第八章

若是沒有偏財運怎麼辦？

世界上只有三分之一的人擁有偏財運，若你是屬於另外三分之二的人，請不要氣餒。因為這世上仍有很多好運在等著你！

《全新修訂版》

法雲居士⊙著

「面相」是一體兩面的事情，
我們可以從一個人的外表來探測其內心世界，
也可從一個人所發生的某些事情來得知此人的命運歷程。
「紫微面相學」更是面相中的楚翹，
在紫微命理裡，命宮主星便顯露了人一切的外在面貌、
精神與內在的善惡、急躁、溫和。

- 「紫微面相學」能從見面的第一印象中，
立刻探知其人的內在性格、貪念，與心中最在意的事
與其人的價值觀，並且可以讓你掌握到此人所有的身家資料。
- 「紫微面相學」是一本教你從人的面貌上，
就能掌握對方性格、喜好，並預知其前途命運的一本書。
- 「紫微面相學」同時也是溫故知新、面對自己、
改善自己前途命運的一本好書！

第八章　若是沒有偏財運怎麼辦？

第一節　創造有『根』的事業

沒有偏財運的人，最必須的是創造有『根』的事業。

什麼是有『根』的事業呢？

有『根』的事業就是指能永續經營的事業。所有可以讓你努力打拚，繼續不斷努力的工作，都可成為你的『有根的事業』。

這也是說，你必須不斷的努力，成為你所從事這一行的經營高手。

在前面的章節中，我們也曾經提到蔡萬霖先生所從事的保險業，就是有『根』的事業。當然你也可從事其他適合你的職業，只要一直不斷地去做，去努力，成功與財富也一定會屬於你的。

有很多人終其一生在等待，等待有一個好機會，等待一個貴人的降臨，但是仔細想想這些都是那麼的不切實際，一切好像都操之在他人之手，為什麼我們自己不能決策自己的一切，只要自己著手努力，是不是比『等待』要快一點？是不是比『等待』有更確實的效果實現呢？武曲、武貪、紫殺、貪狼、天府、廉貞、七殺、破軍等星坐命的人，不管他是否擁有『偏財運』，他們都是很喜愛打拼奮鬥的英雄，在事業上也多半能開創新的格局。倘若你正巧是這類的打拼英雄，成功與財富正指日可待！

第二節　天天上班的賭王

澳門的賭王何鴻燊是舉世聞名的，大家都對他賭國的行業感到興趣，他是怎樣經營這個超級的賭博王國的呢？而又如何在這種複雜環境裡而成為個中翹楚的呢？現在讓我們來看看何鴻燊先生的命盤。

何鴻燊先生是一九二一年生，命宮為巨門化祿、擎羊星坐命，對宮是天同、火星居平陷。

我們可以看出何先生本命的巨門化祿在戌宮是居陷位的，因此本身的是非就很多，是個頗具爭議的人物，也必定是個靠是非、混亂而得財的人。再加上擎羊星居廟入命，實際是以擎羊為主的命格，個性堅毅、強悍，是眾人所不敵的。遷移宮的天同、火星平陷，造成在外面所遭遇的環境，皆是勞碌而火爆的，身心不得寧靜。

何先生的財帛宮最好，是太陽化權，在廟旺之位，福德宮又是天梁廟旺。化權具有主導權，天梁有作老大的風範。因此賺錢對他來說是予取予求，雖然環境險惡，仍然可以作老大哥，成為賭國的霸主。

但是賭博這個行業，必是和黑道牽扯掛勾的，黑道無情，變天很快，不辛苦操勞的盯守住這個賺錢的飯碗，是很快就會被打倒的。因此在你羨慕他出入華屋、乘坐名車之餘，可曾想到賭王也是要天天上班，夜夜煩心的呢？

何榮燊 先生命盤

疾厄宮 武曲 破軍 文曲化科 天馬 53 — 62 癸巳	財帛宮 太陽化權 天魁 天刑 43 — 52 甲午	子女宮 天府 33 — 42 乙未	夫妻宮 天機 太陰 陀羅 23 — 32 丙申
遷移宮 天同 火星 63 — 72 壬辰	1921年11月23日丑時 陰男	木三局	兄弟宮 紫微 貪狼 文昌化忌 祿存 13 — 22 丁酉
僕役宮 73 — 82 辛卯			命宮 巨門化祿 擎羊 天姚 天空 3 — 12 戊戌
官祿宮 庚寅	田宅宮 廉貞 七殺 左輔 右弼 辛丑	福德宮 天梁 地劫 庚子	父母宮 天相 鈴星 己亥

何鴻燊雖然做的是偏門生意，但是命格中並無『偏財運』，這也是很讓你奇怪的吧！他只是本命及運程運行如此，才必然從事偏門生意的。

在何鴻燊的賭國葡京大廈的進門處，設計了鯊魚張嘴的形式，各位進入的遊客便像小魚般的羊入虎口了。再加上何老闆本身強勢兇悍的命格，遊客與賭徒便無一倖免了。倘若你身懷絕技，想當賭王，先檢查自己是否具有此種命格，再作打算吧！

第九章

掌握奇運的成功之鑰——真正『智慧』的戰場

※ ※ ※ ※ ※

縱使你擁有『偏財運』，沒有『智慧』的運用，終將曇花一現，倏然而逝，提昇『智慧』是人生終極的努力目標。

法雲居士⊙著

古時候的人用「批命」
是決斷、批判一個人一生的成就、功過和悔吝。
現代人用「觀命」、「解命」
是要從一個人的命理格局中找出可發揮的潛能，
來幫助他走更長遠的路及更順利的路。
從觀命到解命的過程中需要運用很多的人生智慧，但是我們可以用不斷的學習
就能豁然開朗的瞭解命運。

法雲居士從紫微命理的觀點來幫助你找出命中的財和運，
也幫你找出人生的癥結所在。
這本「如何觀命・解命」也徹底讓你弄清楚算命的正確方向。

第九章　掌握奇運的成功之鑰——真正『智慧』的戰場

第一節　靠『偏財運』成功的共通點

在一切靠『偏財運』起家而成功的人當中，我們可以發覺他們還是擁有不少的共通性，經過我多方的整理，規劃出下列幾點供讀者參考：

如何算出你的偏財運

1. 擁有智慧的羅盤，立刻能尋找出成功的方向，開啟成功的寶藏

以『偏財運』起家的成功者，通常都是擁有很高的智商，和極高的旺運，在這兩種『天賦異稟』的條件下，想不成功也是很難的。雖然俗語有『傻人有傻福』之說，但那終究不是正常的運道。他們擁有很高的判斷力，像沙漠中的駱駝能嗅出水源般的能力，以邁向成功之路。

2. 對『旺運』有極度的敏感性

以『偏財運』起家的成功者，很注意旺運的發展。他們在運勢不佳時，多半蟄伏不動。在旺運來臨時已做好準備。他們也許不懂

命理，但他卻能清楚的掌握『旺運』來臨的時刻，你若問他：『為什麼知道這是個好時機』時，他會神秘的對你笑笑。這就是他們天生自然的敏感性。

3. 敢向困難挑戰，常從事『人所不能』的事情

以『偏財運』起家的成功者，都是膽大心細的人，先天上就具備無窮的勇氣，總是衝在第一線上，從來不畏困難，也不知天地間有什麼足以令他害怕的事物。他們喜歡高難度的經驗。難度愈高，成功所帶來的喜悅愈讓他們覺得暢快的淋漓盡致，因此他們喜歡去尋找『別人不能完成的事物』去努力。故而也可以說他們是個喜愛刺激感的人。在不斷的向困難挑戰之後，練就了一副『強者』、『超人』的性格。也因此，他們在困難中也發現了無數可快速成功

的法則與機會。

4. 先大膽的假設自己成功，而敢於投資

以『偏財運』起家的成功者，通常在他們的字典中沒有『失敗』這兩個字，這也不是說，他們凡事都會成功，倘若他們沒有成功，他們只會覺得那只是個小事件，稍有不順而已。

他們總是以為自己已然成功了，目前這段打拼的時間，只是工作的過程而已。因此，他們敢大膽的投資人力、物力、心力。往往因為人力、物力、心力的大量投入，事情有了轉機。在成功與失敗的天秤上，一致的倒向前者，而將事情完成了。

5. 堅持到底的決心

以『偏財運』起家的人，都有一副頑固的個性。嚴格的說起來，就是不服輸的個性。他們對生命堅持、對成功堅持、對一切的生活事件堅持、更以『信用』的績效作徹底的堅持。因此，你要是和一個『武貪』坐命的人做交易，那你真可高枕無憂了。因為他們勇者的形象，對信用的績效堅持，會讓你產生無限感佩！

6. 創造屬於自己的安全感

以『偏財運』起家的人，因為『頑固』而『堅持』的信念主宰之下，他們對事務的處理方法，與眾不同。他們的速度很快，預想也很周到，對自己和別人都設定有一定的標準。對於安全感也有自己的標準。他們不斷修正對外界所接觸的一切事物，來符合自己的標準。因此，可以說他們已創造出屬於自己的安全感了。

7. 抓住生命中可談判的機會

『機會』就是以『偏財運』的成功者最大的『財富』，焉能輕易放過？

『談判』都是他們所擁有的最佳技巧。我常常看到某些擁有『偏財運』的人，在發運的時間裡，突然變得口才、才智都竄升至『頭等』的角色。為什麼會有這種現象呢？主要是因為人在旺運時，頭腦清醒，思路敏捷了。也因此我們可斷言，再精明的人，若遇不到好運、旺運，也會做出糊塗決定的。『談判』往往是這些成功者所利用最直接的方法。和你的貴人談判，你就可擁有『機會』去成功。而對成功有極度敏感力的人，他為什麼會不努力去抓住呢？

8. 善緣儲備

以『偏財運』起家的成功者，都知道『善緣的儲備』就像捐血給『血庫』一樣，隨時在你有需要時，你是會得到優先輸血的。『善緣』既是一條血脈，跟自己有切身的關係，是應該好好地去營造它、關懷它，不要讓這條血脈生了銹，長了繭，在他日可用之時，才不致發生困難。

有這八個屬於以『偏財運』起家成功者的共通點，你覺得你已擁有幾個？不要告訴我，你以為這是說教！再好的旺運落在愚笨者的頭上，就像非洲蠻荒中的土人，只可撿拾一些聊可充飢的樹根、果皮一般，這是沒有智慧的！

再好的旺運，落在懦弱沒有決心的人身上，就像莊周夢蝶一般，似是而非！成功永遠只是遙不可及的夢想。

再好的旺運，落在不結善緣的人身上，總是功敗垂成。缺少了『人和』的因素，造成『天時』、『地利』的最佳環境，也跟著消失殆盡。

這八個共通點如此的環環相扣，缺一不可，我們怎能不小心謹慎的去經營呢？

第二節　看待自己的態度

「偏財運」帶來旺運也帶來壓力。幻想太多更會抹殺了「偏財運」。

『旺運』帶來的壓力，使某些人難以承受

在你已經得知自己具有某種特異功能——『偏財運』以後，而且已經瞭解爆發的時間，你會作何感想呢？

你是啥事都不做，準備躺著等待它的來臨？

還是著手迎接『偏財運』的前置作業？

我們可以看到演藝圈常傳出有些名演員自殺的消息。這也是說，當一個『旺運』帶給他機會的時候，同時也帶來了成名的『壓力』。

也曾聽說：某個官員在升了官之後，狐假虎威了一番，很快的跌入冰洞，或惹上牢獄之災。這在當初得到『旺運』之喜時，豈會想到後面有這樣的下場？

因此在『偏財運』這個旺運的運作之下，『壓力』也會相對的放大！讀者不可不預先設想到應對的方法與態度，不然既使發了運，得到『財』的人，會『有財沒庫』，財來財去，最後又回到原點。得到『運』的人，起起落落，也再回到原點。

前一個『偏財運』可作後一個『偏財運』的墊腳石

你為什麼不可以用前一個『偏財運』作為後一個『偏財運』的墊腳石？我們都知道『偏財運』在命盤上都是對照的，每隔六年逢一次。在第一次『偏財運』結束時，你要站穩在這個『偏財運』的高點上，絕不要鬆懈！在下一次『偏財運』爆發時，再站上更高的層次高標上。如此一來，一步步的前進，『億萬富翁』的未來，就絕然不只是夢了！

太多不切實際的幻想會抹殺了『偏財運』

在你等待『偏財運』爆發時刻時，也不可產生虛渺的幻想，自作聰明的以為『一切自有定數』，以為老天爺早已全然替你安排好了，其實『偏財運』的變數比宇宙中的輻射線還多！這種全然不實

▼如何算出你的偏財運

際的想法，只會將『偏財運』愈帶愈遠，或是根本不會爆發，讓你空等待空歡喜了一場。

有了上述的經驗，擁有『偏財旺運』的人，你是不是會多沉思一會兒了呢？

後記

寫書的過程中，總是伴雜著孤寂和無限煎熬的情緒。彷彿像是在大學時代，為考試而苦讀一般。所幸的是，有許多朋友，和曾經向我學習命理的學生們，常常來慰問、鼓勵。不時的提出意見，和提出不同的問題，來豐富了這本書中的內容。

我也常向他們請教：「你們最想要知道的是什麼問題？」

以前我作老師，教他們命理。現在我成了學生，向他們請教『人生最苦惱的有些什麼事情？』如此真成了教學相長的情況了。

許多人都想在人生中做一次最大的翻轉。尤其是三十歲至四十五歲的人，害怕人生被定型在金字塔的底端，永無翻身之日。他們常伸手亂抓，接受一切命相者的說詞，有時到了迷信的階段。看到這些

如何算出你的偏財運

人，我常心有不忍，希望能幫助他們。現在借由這本書『如何算出你的偏財運』，表達一些看法，並且鼓勵大家抓住一些特定的機會，努力打拼一下，把人生的羅盤擺正，那怕人生是一場戲，或是一場賭局都好，我們努力過，我們獲得過，這都是美好的人生！

在此感謝家人的幫助，讓我安心寫完這本書，給我精神的援助。更要感謝紅螞蟻圖書公司的老闆李錫東先生，對於一個新成立的出版社所出版的第一本書，給予極大的鼓勵和傳授精妙的做書經驗，讓我們在全力以赴之餘，不斷的再予反省淬鍊。這份溫暖，在現今商業競爭激烈的時刻，實在是少見的。

無限感恩，無限溫暖的心，願與大家一起圓一個成功而無限生機的美夢！

法雲居士

你的財要怎麼賺

這是一本教你如何看到自己財路的書。
人活在世界上就是來求財的！
財能養命，也會支配所有人的人生起伏和經歷。
心裡窮困的人，是看不到財路的。
你的財要怎麼賺？人生的路要怎麼走？
完全在於自己的人生架構和領會之中，
法雲居士利用紫微命理為你解開了這個
人類命運的方程式，
劈荊斬棘，為您顯現出你面前的財路，
你的財要怎麼賺？
盡在其中！

法雲居士⊙著

在中國醫藥史上，以五行『金、木、水、火、土』便能辨人病症，
在紫微斗數中更有疾厄宮是顯示人類健康問題的主要窗口，
健康在每個人的人生中是主導奮發力量和生命的資源，
每一種命格都有專屬於自己的生命資源，
所以要看人的健康就不是單單以疾厄宮的內容為憑據了，
而是以整個命格的生命跡象、運程跡象為導向，來做為一個整體的生命資源的架構。
沒生病並不代表身體真正的健康強壯、生命資源豐富。
身體有隱性病灶、殘缺的，在命格中一定有跡象顯現，

健康關係著人生命的氣數和運程的旺弱氣數，
如何調養自身的健康，不但關係著壽命的長短，也關係著運氣的好壞，
想賺錢致富的人，想奮發成功的人，必須先鞏固好自己的優勢、資源，
『紫微命格論健康』就是一本最能幫助你檢驗出健康數據的書。

考試你最強

法雲居士⊙著

讓老天爺站在你這邊幫忙你考試

- 老天爺給你一天中的好時間、給你主貴的『陽梁昌祿』格、給你暴發運的好運、給你許許多多零碎的、小的旺運來幫忙你K書、考試。但你仍需有智慧會選邊站，老天爺才會站在你這邊！

如何運用運氣來考試

- 運氣是由許多小的時間點移動的過程所形成的，運用及抓住好的時間點，就能駕馭運氣、讀書、K書就不難了，也更能呼風喚雨，任何考試都手到擒來，考試強強滾！
考試你最強！

對你有影響的

法雲居士⊙著

在紫微命理的學理中，命盤上每一個宮位、星曜、星主、宮主都是十分重要的。其中，身宮、命主和身主，代表人的元神、精神，是人靈魂方面的內涵。
一般我們算命，多半算太陽宮位，是最起碼的算命方式。像身宮是太陰所管轄的宮位，我們要看人的內在靈魂，想看此人的前世今生，就不能忽略這些代表人內在靈魂的『身宮、命主和身主』了！

這是一部套書，其餘是『權祿科』、『羊陀火鈴』、『十干化忌』、『天空、地劫』、『殺破狼』上下冊、『昌曲、左右』、『紫廉武』、、『府相同梁』上下冊、『日月機巨』上中下冊、『身宮和命主、身主』等書。

紫微面相學

《全新修訂版》

法雲居士⊙著

『面相』是一體兩面的事情，
我們可以從一個人的外表來探測其內心世界，
也可從一個人所發生的某些事情來得知此人的命運歷程。
『紫微面相學』更是面相中的楚翹，
在紫微命理裡，命宮主星便顯露了人一切的外在面貌、
精神與內在的善惡、急躁、溫和。

- 『紫微面相學』能從見面的第一印象中，立刻探知其人的內在性格、貪念，與心中最在意的事與其人的價值觀，並且可以讓你掌握到此人所有的身家資料。
- 『紫微面相學』是一本教你從人的面貌上，就能掌握對方性格、喜好，並預知其前途命運的一本書。
- 『紫微面相學』同時也是溫故知新、面對自己、改善自己前途命運的一本好書！

法雲居士⊙著

現今工商業社會中，談判、協商是議事的主流。
每一個人一輩子都會經歷無數的談判和協商。
談判是一種競爭！也是一種營謀！
更是一種雙方對手的人性基因在宇宙中相遇激盪的火花。
『紫微談判學』就是這種帶動人生好運、集管理時間、組合空間、營謀智慧、人緣、創造新企機。
屬於『天時、地利、人和』成功法則的新的計算、統計、歸納的學問。

法雲居士用紫微命理教你計算、掌握時間的精密度，繼而達到反敗為勝以及永遠站在勝利高峰的成功法則。

如何創造事業運

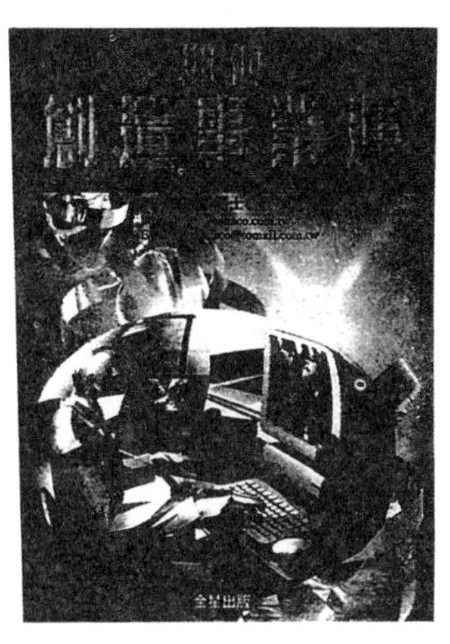

人生中有千百條的道路，
但只有一條，是最最適合你的，
也無風浪，也無坎坷，可以順暢行走的道路
那就是事業運！
有些人一開始就找對了門徑，
因此很早、很年輕的便達到了目的地，
成為事業成功的菁英份子。
有些人卻一直在茫然中摸索，進進退退，虛度了光陰。
屬於每個人的人生道路不一樣，屬於每個人的事業運也不一樣
要如何判斷自己是否走對了路？
一生的志業是否可以達成？
地位和財富能否得到？在何時可得到？
每個人一生的成就，在紫微命盤中都有顯示，
法雲居士以紫微命理的方式，幫助你檢驗人生，
找出順暢的路途，完成創造事業運的偉大工程！

成功的人都有成功的好朋友！
失敗的人也都有運程晦暗的朋友！
好朋友能幫助你在人生中『大躍進』！
壞朋友只能為你『扯後腿』！
如何交到好朋友？
好提升自己人生的層次，進入成功者的行列！
『交友成功術』教你掌握『每一個交到益友的企機』！
讓你此生不虛此行！

法雲居士⊙著

每一個人的命盤中都有七殺、破軍、貪狼三顆星，
在每一個人的命盤格中也都有『殺、破、狼』格局，
『殺、破、狼』是人生打拚奮鬥的力量，
同時也是人生運氣循環起伏的一種規律性
的波動。
在你命格中『殺、破、狼』格局的好壞，
會決定你人生的成就，也會決定你人生的
順利度。

這是一套九本書的套書，其餘是『權科祿

法雲居士利用紫微命理的方式向你解釋為什麼有些人會在移民或向外投資上發展成功，為什麼某些人會失敗、困頓，怎麼樣才能找對自己的正確方向，使你在移民、對外投資上，才不會去走冤枉路、花冤枉錢。

如何尋找磁場相合的人

法雲居士⊙著

每個人一出世，便擁有了自己的磁場。
好的磁場就是孕育成功人士、領導人、有能力的人能造福人群的人的孕育搖籃。同時也是享福、享富貴的天然樂園。壞的磁場就是多遇傷災、破耗、人生困境、貧窮、死亡以及災難無法躲過的磁場環境。
人為什麼有災難、不順利、貧窮、或遭遇惡徒侵害不能善終的死亡？
這完全都是磁場的問題。

法雲居士用紫微命理的方式，讓你認清自己周圍的磁場環境，也幫你找到能協助你、輔助你脫離困境、及通往成功之路的磁場相合的人。
讓你建立一個能享受福財與安樂的快樂天堂。

如何觀命・解命

法雲居士⊙著

古時候的人用『批命』
是決斷、批判一個人一生的成就、功過和悔吝。
現代人用『觀命』、『解命』
是要從一個人的命理格局中找出可發揮的潛能，
來幫助他走更長遠的路及更順利的路。
從觀命到解命的過程中需要運用很多的人生智慧，但是我們可以用不斷的學習
就能豁然開朗的瞭解命運。

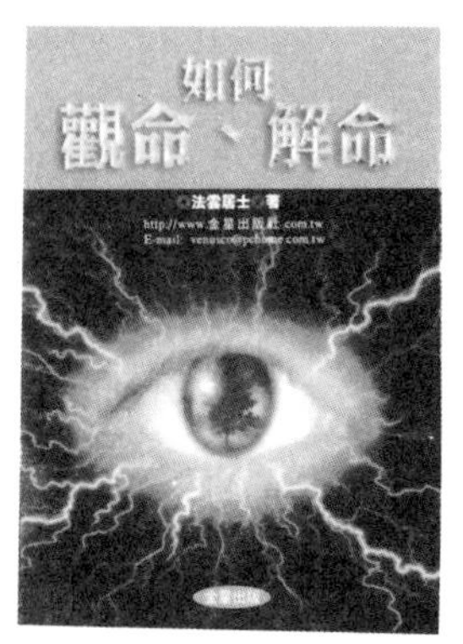

法雲居士從紫微命理的觀點來幫助你找出命中的財和運，
也幫你找出人生的癥結所在。
這本『如何觀命・解命』也徹底讓你弄清楚算命的正確方向。

法雲居士⊙著

『權祿科忌』是一種對人生的規格與約制，十種年干形成十種不同的、對人命的規格化，以出生年份所形成的四化，其實就已規格化了人生富貴與成就高低的格局。
『權祿科』是決定人生加分的重要關鍵，
『化忌』是決定人生減分的重要關鍵，
加分與減分相互消長，形成了人世間各個不同的人生格局。『化忌』也會是你人生命運的痛腳及力猶未逮之處。

這是一部套書，其餘是『羊陀火鈴』、『權祿科』、『天空、地劫』、『昌曲左右』、『殺破狼』、『府相同梁』。

這套書是法雲居士對學習紫微斗數者常忽略或弄不清星曜特質，常對自己的命格有過高的期望或過於看輕的解釋，這兩種現象都是不好的算命方式。因此，以這套書來提供大家參考與印證。

如何用偏財運來理財致富

法雲居士⊙著

偏財運會創造人生的奇蹟，
偏財運也會為人生帶來財富，
但『暴起暴落』始終是人生中的夢魘。

如何讓暴發的財富永遠留在你的身邊，如何用一次接一次的偏財運增高你的人生格局。

這本『如何用偏財運來理財致富』就明確的提供了發財的方法和用偏財運來理財致富的訣竅，讓你永不後悔，痛快的過你的人生！

法雲居士⊙著

人有面相，房屋就有『屋相』。
人有命運，房屋也有命運。
具有好命運的房子，也必然具有好風水與好『屋相』。

房子、住屋是人外在環境的一部份，人必須先要住得好、住得舒適，為自己建造好的磁場環境，才會為你帶來好運和財運。
因此你住了什麼樣的房子，和為自己塑造了什麼樣的環境，很重要！

這本『紫微屋相學』不但告訴你如何選擇吉屋風水的事，更告訴你如何運用屋相的運氣來為自己增運、補運！

法雲居士⊙著

這本書是結合紫微斗數的精華和手相學的精華而相互輝映的一本書。

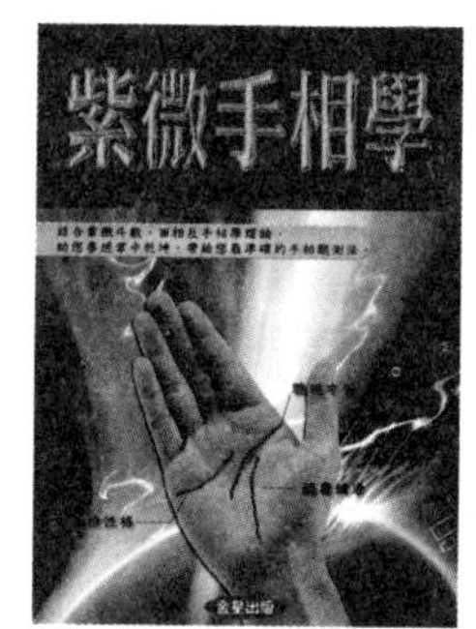

手相學和人的面相有關。
紫微斗數中每種命格也都有其相同特徵的面相。因此某些特別命格的人，就會具有類似的手相了。
當紫微命格中的那一宮不好，或特吉，你的手相上也會特別顯示出來這些特徵。

法雲居士依據對紫微斗數的深刻研究，
將人手相上的特徵和命格上的變化，
一一歸納、統計而寫成此書，
提供大家參考與印證！

如何為寵物算命
旺運寵物命相館

法雲居士⊙著

這是一本談如何為寵物算命的書。
每個人都希望養到替自己招財、招旺運的寵物，
運氣是『時間點』運行形成的結果！

人有運氣，寵物也有運氣，如何將旺運寵物吸引到我們人的磁場中來，將兩個旺運相加到一起，使得我們人和寵物能一起過快樂祥和的日子。

讓人和寵物都能相知相惜，彷彿彼此都找對了貴人一般！
這就是這本書的主要目的！
並且這本書不但教你算寵物的命，
也讓你瞭解自己的命，知己知彼，
更能印證你和寵物之間的緣份問題！

VENUS PUBLISHING CO.
金星出版
命理生活新智慧・叢書